Rutinas de e
para casa

Por

Alirio Vera Morales,
Iván Fresneda

Copyright © 2019

Entrenamiento.com

INTRODUCCIÓN

Con nuestro estilo de vida actual tan agitado y con la escasez de tiempo que muchos parecemos sufrir, no es exagerado suponer que haya más personas queriendo entrenar en casa que yendo diariamente a un gimnasio actualmente. No es ninguna broma. Tan solo repasemos los hechos.

En el siglo XX, la industria en general vivió una transformación tremenda en todos los ámbitos: electrodomésticos y aparatos de todo tipo empezaron a inundar todos los aspectos de nuestras vidas, a través de publicidades constantes. Parecía que cada vez que abrías los ojos, ahí estaba un nuevo aparato para correr, una nueva máquina para desarrollar pectorales o la línea definitiva de productos para construir músculos. Algunos de estos objetos eran auténticos avances; otros, venían con promesas más o menos infladas, pero a la larga muchos de ellos se incorporaron a los entrenamientos en gimnasios, volviéndose casi indispensables. Parecía que no se podía lograr un cuerpo decente sin pisar una sala de gimnasio abarrotada y altamente equipada.

¿Qué ocurrió entonces?

Es complejo decirlo o afirmarlo tajantemente, pero lo que muchos percibimos es que la industria se saturó. En algún momento había tantos artefactos para entrenar ahí afuera, cada uno prometiendo ser el mejor o el definitivo, que había que buscar otro enfoque, otra manera de acercarse al entrenamiento deportivo y podérselo transmitir a las personas.

Fue ante ese escenario que el mundo del entrenamiento físico dio un vuelco sobre sí mismo: se dejó de mirar a los gimnasios y a los artefactos costosos, y se empezó a mirar hacia dentro, a lo más cómodo, personal y accesible: el hogar y la persona.

Las rutinas HIIT, el método Tabata, los movimientos de Pilates y tantos otros tipos de entrenamiento, fueron resultado de esa oleada de métodos alternativos, ideales para hacer en casa, con pocos objetos y poco presupuesto. La premisa, ahora, era que entrenar en la comodidad del hogar no solo era posible, sino muy recomendable.

Piénsalo desde un punto de vista práctico: ¿para qué vas a perder horas semanales en el tráfico, para ir a un sitio a entrenar en medio de máquinas, cuando sabes perfectamente que no vas a usar la mayor parte de ellas? Podrías decir que lo haces para obtener buenos resultados; y no te faltaría razón, ciertamente, ni mucho menos queremos disputarle el mérito a los gimnasios tradicionales, pero no es menos cierto que es posible entrenar sin máquinas -o al menos con las indispensables-, y aun así obtener resultados increíbles.

Son muchas personas que en nuestros días han probado entrenamientos en casa. Algunos no lo hacen por el hecho de odiar los gimnasios, sino por razones de tiempo o economía, o incluso como complemento. Y es que los motivos para entrenar en casa pueden ser muchos, pero el resultado siempre es el mismo: no solo es posible, sino muy productivo y más diverso de lo que se puede creer.

Si tienes las posibilidades económicas, puedes comprar los artefactos indispensables y entrenar por tu cuenta en casa; si prefieres entrenar sin equipamiento, puedes probar rutinas variadas de ejercicios. La lista de opciones que existen es mucho más larga y nutrida de lo que puedes pensar. Tan solo es cuestión de atreverte e investigar.

Como sucede con todo en esta vida, el primer paso es siempre el más difícil. Encontrar las rutinas más adecuadas para la casa, saber que objetos son indispensables para lograr los objetivos, etc. Al principio todos estos temas agobian a cualquiera que no sea un experto en el ámbito del cuidado del cuerpo y la salud. Por suerte, la información actualmente se encuentra al alcance de la mano.

Frecuentemente se editan y reeditan estudios, propuestas y revisiones de rutinas y entrenamientos sencillos y que todos podemos realizar en cualquier lugar. Darles una revisión detallada y ordenada es el primer paso para obtener los beneficios de entrenar en casa, y es justamente esto lo que nos hemos propuesto hacer aquí para ayudarte.

Si todo lo dicho hasta ahora te sigue pareciendo un poco abstracto, tal vez sea útil cerrar puntualizando los beneficios que creemos aportar con este libro:

- **Ahorro de tiempo y dinero**, pues si bien todo entrenamiento requiere un mínimo de equipos o de tiempo para ser llevado a cabo, las ventajas de no tener que pagar constantemente una mensualidad en un gimnasio, así como no tener que agregar un traslado más a tu jornada diaria, son ventajas increíbles que podrás aprovechar.
- **Sabrás qué es lo que realmente necesitas para entrenar**, debido a que uno de los aspectos en que nos centraremos es, justamente, ayudarte a entender tus objetivos, de modo que sepas que equipos son realmente útiles para ti y cuáles representan gastos innecesarios.
- **Rutinas variadas**, que contemplan distintos objetivos y necesidades de entrenamiento. Tanto si quieres adelgazar o esculpir músculo, las opciones de ejercicios que aportamos son eficaces y de fácil acceso.
- **Un cuerpo mejor en poco tiempo**, y es que el hecho de entrenar en casa no significa entrenar menos. Saca esa idea de tu cabeza y verás que tú eres el único límite entre ti y el cuerpo que deseas.
- **Mejor salud y más disciplina**, ya que si entrenas desde casa, tendrás menos excusas a la hora de querer ejercitarte.

He ahí nuestras promesas. Ahora dependerá de tu compromiso poder materializarlas.

ÍNDICE

Capítulo 8. Los 8 mejores ejercicios de peso corporal para probar en casa

1. Skipping (rodillas altas)

   ¿Qué músculos trabaja?

   ¿Cómo se hace?

   ¿Cuántas series debo hacer?

2. Butt Kicks

   ¿Qué músculos trabaja?

   ¿Cómo se hace?

   ¿Cuántas series debo hacer?

3. Sentadillas con salto

   ¿Qué músculos trabaja?

   ¿Cómo se hace?

   ¿Cuántas series debo hacer?

4. Flexiones en T

   ¿Qué músculos trabaja?

   ¿Cómo se hace?

   ¿Cuántas series debo hacer?

5. Mountain Climbers

   ¿Qué músculos trabaja?

   ¿Cómo se hace?

   ¿Cuántas series debo hacer?

6. Down-Dog to Up-Dog

   ¿Qué músculos trabaja?

   ¿Cómo se hace?

   ¿Cuántas series debo hacer?

7. Elevaciones de pierna

   ¿Qué músculos trabaja?

   ¿Cómo se hace?

   ¿Cuántas series debo hacer?

CAPÍTULO 1. GUÍA PARA HACER TU PROPIO GIMNASIO EN CASA

Lo primero que debes hacer si quieres entrenar en casa, es delimitar el espacio y el equipo que vas a utilizar. Puedes empezar habilitando un lugar pequeño, algo que te dé un espacio suficiente para ejecutar ejercicios sencillos. Pero si realmente quieres progresar en tus entrenamientos, no sería mala idea plantearte la posibilidad de tener tu gimnasio personal en casa.

Un gimnasio en casa es una alternativa que va ganando popularidad en nuestros días. Ahora bien, no hablamos de trasladar todo un gimnasio comercial hasta el interior de tu sala; se trata, simplemente, de adquirir el equipo mínimo y necesario para entrenar. Las ventajas que esto aporta son increíbles, pues eliminas el lastre a tu alrededor y logras concentrarte más fácilmente en los objetos indispensables para alcanzar tus metas.

Si crees que esta idea de un gimnasio en casa es para ti, lo primero que debes hacer es tener claro lo que quieres lograr.

Cada persona tiene sus razones personales para tener un gimnasio propio, pero la verdad es que cualquier razón individual se puede englobar fácilmente dentro de tres objetivos generales: ganar músculo, perder peso o ganar fuerza y forma física. Son tres razones básicas, y nos centraremos justamente en ellas, pues una vez que sepas cuál de ellas es la que más te motiva, el resto del trabajo te resultará mucho más sencillo.

Dentro de estos tres objetivos principales, en este guía te recomendamos además tres categorías de material para comprar, de acuerdo con tus posibilidades económicas y de espacio:

- **¿Qué deberías comprar?**: engloba aquel equipamiento que es básico para poder lograr tu objetivo. Es la pieza fundamental del entrenamiento y será la mejor opción por su efectividad y precio. Es material barato y muy efectivo.
- **¿Qué deberías considerar comprar?**: engloba los mejores complementos para tu entrenamiento, aquellos que potenciarán la efectividad del mismo, ya sea añadiendo más estímulo o mayor variedad de ejercicios.
- **¿Qué comprar si tienes espacio y puedes permitírtelo?**: incluye el material que solo deberías adquirir bajo ciertas condiciones. Por ejemplo, las barras olímpicas necesitan de una habitación más grande para entrenar. Son opciones más efectivas que las de "deberías comprar" pero que, bien sea por el espacio que ocupan o por su precio más elevado, deberías meditar bien si puedes realizar dicha inversión.

Hay que aclarar además que todo el material aquí incluido está elegido para optimizar tu inversión. Es decir, que nos enfocamos en que no gastes 300€ en algo que puedes conseguir por tan solo 20€.

Objetivo: ganar más músculo

¿Qué deberías comprar?

Un **juego de mancuernas con dos barras y varios discos** (al menos 20 kg) será seguramente la mejor opción (y la más barata) que tienes si quieres ganar una cantidad de masa muscular decente desde casa. El espacio que ahorrarás con ellas es muchísimo y, además, te permitirán hacer casi cualquier ejercicio.

Puedes conseguir un juego de mancuernas con 20 kg en discos entre 22,85 € y 34,21 € cada una en cualquier tienda online.

¿Qué deberías considerar comprar?

En combinación con un juego de mancuernas o un juego de pesos con barra, un **banco regulable** será tu mejor compañero para añadir variedad a tus entrenamientos. Te permitirá hacer ejercicios que antes no podías, como el press de banca inclinado. También podrás modificar los que ya haces, por ejemplo sustituyendo el floor press por el press de banca. Sin embargo, una de las piezas clave son los soportes, donde podrás dejar tu barra olímpica, aunque no todos los modelos lo incluyen.

Puedes conseguir un banco regulable a partir de 50 € y un banco regulable con soportes a partir de 62 € en distintas tiendas.

¿Qué comprar si tienes espacio?

Una **barra olímpica con un juego de pesas y unos soportes** pueden ser la opción más efectiva para organizar tu propio gimnasio en casa. Uno de los principales atractivos de esta opción es que puedes comprar un primer juego de pesas (entre 30 y 50 kg) e ir comprando pesas extra cuando las necesites.

Sin embargo, su principal inconveniente es que no todo el mundo tiene un sitio habilitado en su casa para poder realizar ejercicios con una barra olímpica. Además, la inversión inicial es mucho mayor que el juego de mancuernas.

¿Merece la pena? Si tienes espacio para entrenar con ellas, sin duda que sí, conseguirás unos resultados iguales (o incluso mejores) que en el gimnasio. Para los soportes, la mejor opción es adquirir un banco con soportes que puedes encontrar en el anterior apartado.

También puedes conseguir un juego de barra, 30 kg en pesas y cierres de seguridad a partir de 54,95 € en diversas tiendas online.

¿Qué más comprar si puedes permitírtelo?

Si puedes permitírtelo y quieres ahorrar más espacio, considera la posibilidad de adquirir unas **mancuernas ajustables**. Las más conocidas del mercado son las *Bowflex* y *PowerBlock*, las cuales son una muy buena opción para ahorrar tiempo y espacio. Sin embargo, su elevado precio las convierte en una opción rentable si de verdad las vas a usar intensivamente.

Puedes conseguir un juego de mancuernas ajustables a partir de 376,43 € en cualquier tienda online.

¿En qué no deberías malgastar tu dinero?

Es muy posible que hayas visto en más de una ocasión una **máquina multiestación** para montarla en casa. El principal inconveniente que tiene este artefacto es que no ofrece ningún beneficio respecto al entrenamiento con mancuernas o con barra. Los ejercicios de aislamiento que podrás hacer en ella son fácilmente sustituibles por otros, e incluso algunas máquinas de este tipo no permiten hacer ejercicios multiarticulares como peso muerto, sentadilla o press de banca.

Además, a todo lo anterior se le suma el hecho de que son realmente caras y difíciles de transportar y montar. Si estás pensando en comprarte una, mejor hazte con un juego de mancuernas o pesas e invierte el resto en una escapada de fin de semana.

Objetivo: ganar fuerza y forma física

¿Qué deberías comprar?

Si quieres ganar fuerza entrenando desde casa y tener músculos a la vez fuertes y definidos, los ejercicios con peso corporal son una de las opciones más efectivas y rentables, y una **barra de dominadas** es la opción más efectiva y básica para empezar.

¿Por qué una barra de dominadas? Pues bien, sin ningún equipamiento podrás realizar flexiones, fondos, sentadillas, zancadas, gemelos, hiperextensiones... sin embargo, es muy complicado hacer ejercicios realmente efectivos para dorsales y trapecios sin una barra de dominadas.

Hacer dominadas varias veces durante el día resulta ser una de las mejores opciones para mejorar la fuerza del torso y permite aumentar de una manera increíble la cantidad de series que puedes hacer seguidas. Es una opción demasiado barata y efectiva como para no contemplarla.

¿Problemas con las paredes? Existen modelos atornillados y otros con ventosas, por lo que puedes escoger según tus necesidades y circunstancias.

Puedes conseguir una barra de dominadas a partir de 16 € en tiendas por internet.

¿Qué deberías considerar comprar?
Entrenar tu abdomen es esencial, no solo para cualquier práctica deportiva sino por motivos estéticos. Un abdomen fuerte es un abdomen sano y utilizar un **ab roller, ab-wheel o rueda abdominal** para ejercitarte te asegurará un gran estímulo y un nuevo reto.

El ab roller es el equipo por excelencia en muchas de las casas con gimnasio, debido al poco espacio que necesita y a que puede ser transportado fácilmente, incluso cuando vas de viaje.

Puedes conseguir una rueda abdominal o ab roller a partir de 11 € en tiendas online.

¿Qué comprar si tienes espacio y puedes permitírtelo?
Unas **bandas de entrenamiento en suspensión** pueden ser la mejor opción si quieres añadir más riqueza a tus entrenamientos en casa.

La principal ventaja que ofrece el entrenamiento en suspensión, es que permite variantes más complicadas de casi cualquier ejercicio de peso corporal, como por ejemplo: fondos, flexiones o remo, lo cual las hace especialmente útiles si quieres mejorar tu fuerza.

Puedes conseguir unas bandas para entrenamiento en suspensión a partir de 25 €.

Objetivo: perder peso
¿Qué deberías comprar?
Las **kettlebells o pesas rusas** ejercitarán tu cuerpo de una manera mucho más exigente que las tradicionales mancuernas.

Su principal ventaja es que permiten hacer ejercicios multiarticulares con tan solo una pesa de una manera sencilla. Lanzamientos, snatch, clean & press, abdominales, sentadillas... ¿Qué por qué ayudan a perder peso? Estos movimientos explosivos son metabólicamente más exigentes y te ayudarán a perder grasa incluso sin realizar cardio de manera tradicional.

Puedes conseguir una kettlebell o pesa rusa de 12 kg (recomendable para empezar) por unos 28 € en cualquier tienda.

¿Qué deberías considerar comprar?
La **cuerda para saltar a la comba** es sencilla, pero muy efectiva. Los deportistas que necesitan mantener su peso para poder competir y además mejorar su agilidad (como los boxeadores) la usan por lo útil que resulta.

Prueba a añadir 30 segundos de comba entre cada serie de ejercicios y verás cómo tu forma física mejora ostensiblemente y aumentas la cantidad de calorías que gastas.

Por otro lado, los ejercicios con peso corporal son efectivos por sí mismos para perder grasa; sin embargo, las **bandas elásticas** le añadirán aún más intensidad a tus entrenamientos.

Si encuentras demasiado sencillas las tradicionales sentadillas, flexiones y fondos, prueba a realizarlos con una de estas bandas elásticas para aumentar la exigencia y la energía gastada durante el entrenamiento. Además, son realmente económicas: no te costará mucho más de 10 € adquirir un juego de bandas.

Preguntas frecuentes a la hora de montar un gimnasio en casa
¿Cuál es el mejor lugar de la casa para armar un gimnasio?
El lugar idóneo para un gimnasio dependerá de los gustos de cada persona y de la distribución de la casa; no obstante, debe ser un lugar en el que te sientas cómodo y que sea seguro.

En una situación ideal, un garaje es la mejor opción, siempre y cuando cumpla con estos requisitos:

- No debe haber un coche o material peligroso cerca.
- Debe ser un sitio relativamente espacioso, donde tú y los equipamientos podáis estar a la vez sin estorbaros.

- No debe contener objetos que se puedan romper.
- Debe estar bien ventilado.

En caso de que no tengas o no puedas montar tu gimnasio en el garaje, busca una habitación con suficiente espacio para el material que posees (para un par de mancuernas, casi cualquier estancia serviría) y protege debidamente el material que haya allí. Los accidentes ocurren y las mancuernas o los discos a veces se caen, por lo que es conveniente recubrir el suelo y alejarse de lugares con cristales.

¿Cuánto dinero se debe invertir al inicio?

Nunca debes invertir más dinero del que puedas gastar. Con los consejos dados hasta ahora podrás dar los primeros pasos de tu propio gimnasio con menos de 100 €. Si esta cantidad de dinero sigue siendo excesiva para ti, recuerda que con tu peso corporal (o con el simple añadido de una banda elástica) ya puedes crear un entrenamiento decente que te permita mejorar tu condición física y tu salud en general.

Recuerda que (tal y como dijimos al principio) una de las principales razones para querer entrenar en casa es justamente ahorrar tiempo y dinero. Si no estás cumpliendo con al menos uno de estos propósitos, al final no estarás recibiendo ningún beneficio.

CAPÍTULO 2. RUTINA DE PESO CORPORAL EN CASA PARA PRINCIPIANTES

Aunque tener un gimnasio en casa es una ventaja increíble para entrenar, no es ni mucho menos un requisito indispensable.

A través de los años, los entrenamientos físicos han ido haciéndose más complejos, incorporando máquinas y elementos distintos en su afán de buscar eficacia. Sin embargo, hay algo que no han podido reemplazar: los ejercicios de peso corporal.

Cuando se está empezando a entrenar por cuenta propia, no hay nada mejor que tener a mano una buena biblioteca de ejercicios de peso corporal. Estos ejercicios no solo son fáciles de realizar en cualquier lugar y con poco espacio, sino que cuando se mezclan adecuadamente, pueden ayudar a lograr cualquier objetivo del entrenamiento, bien sea perder grasa o ganar músculo y flexibilidad.

Dicho todo esto, es hora de armar un buen circuito de peso corporal y empezar a entrenar.

Rutina de peso corporal para principiantes

El tipo de entrenamiento que proponemos en este capítulo es lo que se conoce como un circuito.

Al igual que en el caso de las rutinas HIIT, la idea es que realices los ejercicios de peso corporal propuestos sin tomar descansos entre cada uno de ellos. Una vez que hayas completado una ronda completa del circuito, puedes tomar un descanso no superior a un minuto, y hacer una segunda ronda.

Por otra parte, es importante que escojas un lugar de la casa relativamente espacioso, pues si bien no necesitarás equipamiento para ninguno de los movimientos, algunos de ellos están formulados para que tengas que desplazarte.

Tras haber tomado todo esto en consideración, basta decir que se trata de un entrenamiento exigente, pero los ejercicios en los que se basa no son difíciles de hacer, y te ayudarán a dar los primeros pasos para muchos de los entrenamientos posteriores que trataremos en este libro.

Calentamiento

Es importante que nunca olvides calentar antes de iniciar cualquier rutina.

Como ya hemos dicho, los ejercicios que proponemos no son de difícil ejecución. Sin embargo, cualquier actividad física intensa requiere que los músculos estén calientes y el corazón a punto antes de empezar. De lo contrario, los riesgos de lesiones y desvanecimientos se incrementarían.

Antes de empezar esta rutina, tómate un par de minutos para realizar unos estiramientos musculares ligeros, y luego pasa a hacer algo de calentamiento. Los mejores ejercicios para ello son las elevaciones de rodillas, los saltos de comba o incluso subir y bajar escaleras. En general, puede ser cualquier cosa que sea segura, de bajo desgaste muscular y que te ponga a sudar antes de la rutina.

Ejercicios de la rutina

Apenas terminado el calentamiento, pasa a la ejecución del circuito con estos ejercicios:

- **Sentadillas**: 20 repeticiones. Recuerda mantener la mirada al frente y descender en posición de cuclillas hasta que los muslos queden paralelos al suelo.
- **Flexiones**: 10 repeticiones. Si eres novato en las flex-

iones de brazos, realiza cuantas puedas y luego busca un entrenamiento de progresión. Más adelante propondremos uno bastante efectivo.

- **Zancadas caminando**: 20 repeticiones. Al igual que con las sentadillas, es importante mantener la vista al frente mientras se ejecutan, y la espalda recta. La idea es avanzar dando zancadas o estocadas al frente con una pierna a la vez, hasta que el muslo delantero quede paralelo al suelo y la pierna trasera extendida. Necesitarás algo de espacio extra para hacer este ejercicio sin interrupciones.
- **Fondos**: 10 repeticiones. El ejercicio se hace de espaldas a un banco, apoyando las manos sobre él. Es importante que mantengas la espalda recta, la mirada al frente y las piernas extendidas al frente al subir y bajar con tus brazos.
- **Plancha**: sostén la postura por 15 segundos. La plancha se hace siguiendo unas normas similares a las de las flexiones de brazo. La diferencia radica en que la postura tradicional de la plancha consiste en apoyarse no solo sobre las palmas de las manos y los pies, sino sobre las palmas, los antebrazos y las puntas de los pies a la vez.
- **Jumping jacks**: 30 repeticiones. Lo importante en este ejercicio es mantener el ritmo. Ejecutar el salto abriendo y cerrando piernas y brazos es un ejercicio de cardio estupendo en sí mismo, pero mantener un ritmo constante y exigente aumenta sus beneficios.

Dado que este es un entrenamiento para principiantes, se pueden realizar algunas concesiones. Por ejemplo: es válido que te apoyes con un brazo en la pared si se te dificulta hacer las sentadillas o estocadas. No obstante, esos comodines solo son correctos en tanto desarrollas la habilidad mínima necesaria.

Preguntas frecuentes sobre la rutina de peso corporal

¿Cuántas veces por semana se puede hacer una rutina de peso corporal?

Es importante que esta rutina se realice en días no consecutivos. Recuerda que, por extraño que parezca, los músculos se reconstruyen y adquieren forma no durante los entrenamientos, sino durante los descansos.

Una buena forma de realizarla sería entre 2-3 veces por semana. Por ejemplo: martes y jueves o lunes, miércoles y viernes. Ten en cuenta que realizar una rutina de este tipo más de tres días a la semana puede ser contraproducente.

¿Se necesita alguna alimentación especial para acompañar la rutina?

Como sucede con todo entrenamiento físico constante, incluso una rutina sencilla de peso corporal requiere que se le acompañe con una dieta saludable.

En este caso, lo más recomendable sería disminuir la cantidad de carbohidratos vacíos que se consumen, como los siguientes:

- Bebidas gaseosas.
- Productos hechos a base de harina blanca.
- Alimentos elaborados con aceite de maíz.
- Rosquillas.
- Jarabes artificiales.
- Caramelos.
- Pasta.

En lugar de estos, se debería estimular el consumo de carbohidratos saludables como las frutas o las harinas de trigo integrales.

También es importante aumentar el consumo de proteína, bien sea a través de fuentes animales o vegetales, o incluso mediante suplementos. En todo caso, el aumento de la proteína no deberá redundar en un aumento de las calorías que se consumen, si se quiere mantener un peso adecuado.

CAPÍTULO 3. ENTRENAMIENTO MILITAR EN CASA

Ahora que has acondicionado un buen espacio, cuentas con el equipo perfecto para entrenar y has dado tus primeros pasos, es momento de empezar a subir el reto desarrollando un plan de entrenamiento más exigente, y si hay uno que es completo y muy retador, es el entrenamiento militar que usan los SEALs.

Los SEALs son la principal fuerza de operaciones especiales del ejército de los Estados Unidos. Es un cuerpo militar de élite en el cual se exigen unas condiciones físicas sobresalientes. Sin embargo, al contrario de lo que pueda parecer, los métodos de entrenamiento que utilizan para alcanzar esta condición física están al alcance de todos y pueden realizarse en prácticamente cualquier sitio, incluyendo, claro, nuestras propias casas.

Por supuesto, este es un entrenamiento apto tanto para hombres como para mujeres, y puede ser realizado tanto por principiantes como por personas con una buena condición física previa. Para ello vamos a tratar un sistema de entrenamiento utilizado por jóvenes futuros militares y por exmilitares que quieren mantenerse en forma: la pirámide de entrenamiento, consistente en tres ejercicios básicos: las dominadas, las flexiones de pecho y los Sit-ups.

Pirámide de entrenamiento militar en casa

Para realizar esta rutina correctamente, los SEALs utilizan la imagen mental de una pirámide dividida en seis escalones. Cada uno de estos escalones está numerado, yendo desde el 1 en la base hasta el 6 en la punta.

Cada escalón de la pirámide representa una serie, y al ascender por ellos debes multiplicar la cantidad de repeticiones de cada ejercicio. Para este entrenamiento contarás con tres ejercicios, cada uno con una cantidad base de repeticiones: "Dominadas x 1; Flexiones de brazos x 2; Sit-ups x 3". Al ir avanzando por la pirámide, multiplicarás las repeticiones base de estos ejercicios por el número del escalón en que te encuentres. Es decir:

- En el escalón 2, deberás hacer "Dominadas x 2; Flexiones x 4; Sit-ups x 6".
- En el escalón 4, debes hacer "Dominadas x 4; Flexiones x 8; Sit-ups x 12".
- En el escalón 6, deberás hacer "Dominadas x 6; Flexiones x 12; Sit-ups x 18".

Tu objetivo durante el entrenamiento será ir ascendiendo por cada uno de estos escalones hasta llegar al 6, para luego hacer todo el recorrido en sentido inverso.

Ejemplo de la pirámide en ascenso
- Escalón/serie 1: 1 dominada / 2 flexiones de brazos / 3 sit-ups.
- Escalón/serie 2: 2 dominadas / 4 flexiones de brazos / 6 sit-ups.
- Escalón/serie 3: 3 dominadas / 6 flexiones de brazos / 9 sit-ups.
- Escalón/serie 4: 4 dominadas / 8 flexiones de brazos / 12 sit-ups.
- Escalón/serie 5: 5 dominadas / 10 flexiones de brazos / 15 sit-ups.
- Escalón/serie 6: 6 dominadas / 12 flexiones de brazos / 18 sit-ups.

Ejemplo de la pirámide en descenso
- Escalón/serie 5: 5 dominadas / 10 flexiones de brazos / 15 sit-ups.

- Escalón/serie 4: 4 dominadas / 8 flexiones de brazos / 12 sit-ups.
- Escalón/serie 3: 3 dominadas / 6 flexiones de brazos / 9 sit-ups.
- Escalón/serie 2: 2 dominadas / 4 flexiones de brazos / 6 sit-ups.
- Escalón/serie 1: 1 dominada / 2 flexiones de brazos / 3 sit-ups.

Una vez que hayas terminado el entrenamiento en la pirámide, habrás realizado: 36 dominadas, 72 flexiones y 108 sit-ups.

Modo correcto de efectuar los ejercicios de la pirámide

A pesar de que los tres ejercicios en que se basa este entrenamiento son bien conocidos, es necesario dominar la técnica correcta de cada uno de ellos, si de verdad se quiere realizar la progresión de forma efectiva y sin riesgos.

Técnica óptima para realizar las dominadas

- Existen distintas aperturas de brazos para hacer el agarre de las dominadas, según la zona que queramos trabajar. Sin embargo, la posición tradicional y más recomendable para principiantes es con las manos separadas, apenas un poco más que el ancho de los hombros. Una apertura mayor o menor que esa dificultaría el trabajo cuando se es novato.
- Las manos pueden estar en posición prona o supina, pero siempre cubriendo la barra fijamente. Cuando se empieza, el agarre prono es el más recomendable.
- No se debe saltar a la barra para alcanzarla. En su lugar, apoyarse en un banco para subir hasta ella es mucho más adecuado.
- Una vez ubicado en la posición adecuada, debes dejar reposar todo el peso en ella, extendiendo los brazos por completo. Iniciar el ejercicio con los brazos recogidos es hacer trampa, y no permite una progresión correcta.

- Las piernas deben estar recogidas y quietas.
- Tomando una buena bocanada de aire (que debes mantener al subir) empieza a elevar el cuerpo contrayendo los dorsales.
- No te debes impulsar con las piernas durante el ascenso. Estas deberán permanecer estáticas, sin balancearse para empujar el cuerpo.
- En una situación ideal, el movimiento deberá hacerse hasta que la barbilla supere la barra. El ejercicio no se hará completamente hasta que no puedas llegar ahí.
- Para bajar, debes hacerlo más lentamente que cuando subiste.
- En cada repetición que hagas, los brazos deben quedar nuevamente estirados por completo al bajar.

Técnica adecuada para realizar las flexiones

- Para iniciar las flexiones de brazo en el suelo, debes colocarte bocabajo, con las manos directamente por debajo de los hombros y con los brazos extendidos. Los pies, por su parte, deben estar ligeramente separados entre sí y apoyados firmemente sobre las plantas de los dedos.
- Desde esta posición alta, inspira el aire poco a poco mientras desciendes flexionando los brazos, con las puntas de los codos mirando hacia afuera.
- Lo ideal es que el movimiento hacia abajo se extienda hasta que el torso roce el suelo, pero sin apoyar el peso por completo.
- Invierte el movimiento y exhala el aire para regresar a la posición inicial.
- Lo ideal es que tanto el movimiento de bajada como el de subida se realicen a una velocidad análoga, si bien es cierto que al inicio muchas personas suelen hacer la bajada mucho más rápido, dejando sueltos los brazos. Este error debe minimizarse para considerar que el ejercicio se hace de forma correcta.

Por último, es importante también que generes una presión suficiente a nivel de los abdominales y los muslos, que no dificulte el ejercicio pero que te permita hacer el movimiento sin arquear la espalda.

Técnica para realizar los Sit-ups

- La posición para iniciar los Sit-ups es tumbado bocarriba en el suelo y con las rodillas flexionadas, de modo que las pantorrillas formen un ángulo de 45°. La espalda y la cabeza deben estar rectas y apoyadas por completo en el suelo.
- Desde esta posición, debes subir con la parte superior del cuerpo y exhalando el aire que tengas acumulado, hasta que quedes sentado.
- Las manos deben estar cruzadas sobre el pecho o detrás de la cabeza, no balanceándose para ayudar al movimiento.
- Para volver a la posición inicial, invierte el movimiento lentamente, a la vez que inspiras una cantidad suficiente de aire.

Lo correcto es que las piernas y la espalda no varíen su posición mientras elevas el tronco, recuérdalo cada vez que ejecutes una repetición.

Progresión del entrenamiento en pirámide

Este entrenamiento no consiste tan solo en realizar pirámides de 6 escalones hasta el infinito. Una vez que puedas hacer una pirámide completa, deberás pasar a la siguiente, que tendrá un escalón más y, por tanto, añadirá mucha dificultad al entrenamiento.

En caso de que no completes el entrenamiento, no podrás pasar a la siguiente pirámide. No hay una prescripción de en cuánto tiempo debes ser capaz de completarla; sin embargo, cada día deberías estar más cerca de completarla. En caso de que no sea así, considera seriamente el reducir un escalón en la pirámide de tu entrenamiento, ya que el esfuerzo podría estar resultando demasiado duro para ti.

Preguntas frecuentes del entrenamiento en pirámide

¿Cuántas veces a la semana se debe hacer este entrenamiento?

A la hora de prepararse para las pruebas de acceso a un cuerpo militar, se recomienda hacer este entrenamiento 3 veces por semana en días no consecutivos, además de algún entrenamiento adicional. No obstante, esta recomendación de 3 veces por semana en días no consecutivos está dirigida a personas con mucha experiencia entrenando; si acabas de empezar o no llevas mucho tiempo de preparación física, lo recomendable sería empezar haciendo esta rutina solo 2 veces por semana.

¿Es obligatorio hacer solamente estos tres ejercicios?

El entrenamiento está pensado para realizar esos 3 ejercicios, con la posibilidad de añadir uno adicional: fondos entre paralelas o bancos y sentadillas o zancadas. En cualquiera de los casos se realizarían como un x2, al igual que las flexiones de brazos.

¿Se puede añadir trabajo de cardio al final del entrenamiento en pirámide?

¡Por supuesto! Es más, los preparadores físicos que diseñaron este entrenamiento lo recomiendan. Sin embargo, este no sería un trabajo cardiovascular habitual, si no en series de sprints de 50-100 metros al final de cada serie. Lo que debes entender es que este esfuerzo complica muchísimo el entrenamiento, por lo cual deberás utilizarlo con cuidado para no perjudicarte. Los preparadores recomiendan que lleves contigo una bebida isotónica para reponer electrolitos e hidratarte.

¿Cuánto puede prolongarse un entrenamiento en pirámide?

Para preparar las pruebas de Navy Seal del ejército estadounidense, se realizaba este entrenamiento hasta alcanzar una pirámide de 15 escalones, ¡lo cual equivale a 225 dominadas por entrenamiento! Para una persona que no esté preparándose para este tipo de pruebas, es excesivo. Sin embargo, en principio podría mantenerse indefinidamente, ya que un entrenamiento con una pirámide con un número elevado de escalones (8-10), asegurará una condición física excelente.

CAPÍTULO 4. RUTINA DE CARDIO EN CASA

En el capítulo anterior mencionamos los ejercicios de cardio, afirmando que se podían usar como complemento en las rutinas de fuerza. Corregimos: los ejercicios cardiovasculares no solo pueden, sino que deben complementar nuestros entrenamientos.

Piénsalo de esta forma: de poco te sirve presumir unos brazos que sean máquinas de hacer dominadas, si un simple trote de 15 minutos es capaz de acabar con tu resistencia.

Ahora bien, nuestra visión de lo que debe ser un ejercicio de cardio es mucho más limitada de lo que creemos. Pensamos que las únicas actividades que cuentan como ejercicio de cardio, son las que involucran correr, salir en bicicleta o nadar, o aquellas que se desarrollan con máquinas especiales. Esto, sobra decirlo, no debe ser así.

La verdad es que no necesitamos costosos aparatos, piscinas o carreteras empinadas para entrenar cardio; después de todo, ya contamos con un aliado insuperable para ello: nuestro propio peso corporal.

La siguiente rutina está basada por completo en ejercicios de peso corporal. Esto es una gran ventaja, pues podremos realizarla sin equipos, sin mucho espacio y, desde luego, en nuestras propias casas, obteniendo resultados solo con hacerla unas dos o tres veces por semana.

Ejercicios de calentamiento

El calentamiento en este tipo de rutinas es fundamental: tu ritmo cardíaco se preparará para el entrenamiento, tus músculos estarán listos y habrás empezado a sudar justo antes de empezar con los ejercicios de mayor esfuerzo.

1. Rodillas arriba

- Inicia de pie, con las rodillas ligeramente flexionadas.
- Salta tan alto como puedas y levanta tus rodillas hacia el pecho mientras extiendes tus manos o las llevas a tus rodillas.
- Aterriza con las rodillas ligeramente flexionadas y vuelva a saltar de nuevo.
- Realiza 2 series de 10-15 repeticiones.

2. Inch worm

- Inicia de pie, con las piernas rectas y la cadera flexionada.
- Estira tus brazos hasta tocar el suelo, cerca de tus pies.
- Mantén las piernas rectas, sin bloquearlas, y empieza a bajar el torso lentamente hacia el suelo mientras caminas con tus manos hacia adelante.
- Una vez que llegues a la posición de flexión, recorre el mismo camino de vuelta con pequeños pasos con tus manos.
- Realiza 2 series de 6-10 repeticiones.

3. Jumping jacks

- Inicia de pie, con los brazos a ambos lados de tu cuerpo y los pies juntos.
- Salta con las piernas hacia afuera mientras elevas tus brazos sobre tu cabeza.
- Mantén el abdomen tenso y las rodillas ligeramente flexionadas.
- Vuelve a saltar para juntar tus pies mientras bajas de nuevo los brazos.
- Eso es una repetición, ahora a por las 29 restantes.

Ejercicios de la rutina

Hay dos maneras de realizar esta rutina: lineal o en circuito. Sea cual sea la variante que escojas, realiza de 10 a 15 repeticiones de cada ejercicio.

- Lineal. No pasarás de un ejercicio al siguiente hasta completar 3 series. Puedes descansar de 10-20 segundos entre cada serie y entre cada ejercicio.
- En circuito. Realizarás los 5 ejercicios seguidos, sin descanso entre ellos y puedes descansar después de cada vuelta 1 minuto. Realiza 3 vueltas. Es el método más efectivo pero también el más exigente, ¡asegúrate de poder completarlo de manera lineal antes de enfrentarte al circuito!

Una vez que seas capaz de realizar 15 repeticiones de cada ejercicio con los descansos preestablecidos, redúcelos a la mitad para añadir más dificultad a tu entrenamiento. También puedes probar a añadir una vuelta más a tu circuito, pero recuerda: no hagas ambas a la vez.

1. Burpee

- Inicia de pie, con las manos a los costados.
- Empieza a bajar, flexionando las rodillas e inclinando el torso.
- Cuando toques el suelo con las manos, lleva tus piernas estiradas hacia atrás con un salto y quédate en la posición de flexión.
- Realiza una flexión y vuelve a saltar con las piernas, esta vez hacia adelante, para juntarlas con los brazos.
- Termina saltando para ponerte de pie.

2. Zancada con salto

- Realiza una zancada tradicional, llevando tu pierna derecha hacia adelante.
- En esa posición, salta y, en el aire, intercambia de posición las piernas, llevando la pierna izquierda delante de ti.
- Repite y sigue intercambiando la posición de las piernas.

3. Plancha con flexión

- Inicia en la posición de plancha, apoyándote sobre los codos y antebrazos.
- Levanta el torso hasta alcanzar la posición de flexión, apoyándote sobre las manos, con la espalda recta y el abdomen en tensión.
- Realiza una flexión y vuelve a la posición de plancha.

4. Mountain climber

- Empezando en la posición de flexión, lleva tu pie izquierdo hacia el pecho mientras dejas estirada la pierna derecha.
- Manteniendo las manos en el suelo y apretando el abdomen, salta e intercambia la posición de las piernas.
- Ahora tu pierna derecha debería estar por delante y la izquierda estirada atrás.

5. Tabata sit-up

No nos vamos a engañar: casi cualquier ejercicio realizado con el método Tabata se convierte en un ejercicio de cardio perfecto. Finaliza el entrenamiento con una sesión de 4 minutos de abdominales: 20 segundos de abdominales, 10 segundos de descanso, 8 veces. ¿Estás realizando esta rutina en circuito? Si es así, haz sit-ups durante 20 segundos antes de pasar a la siguiente vuelta.

Resumen de la rutina de cardio casera

Lineal

Recuerda, descansa de 10-20 segundos entre cada serie.

- Rodillas arriba, 2 series de 10 a 15 repeticiones.
- Inch worm, 2 series de 6 a 10 repeticiones.
- Jumping jacks, 2 series de 30 repeticiones.
- Burpee, 3 series de 10 a 15 repeticiones.
- Zancadas con salto, 3 series de 10 a 15 repeticiones por pierna.
- Plancha con flexión, 3 series de 10 a 15 repeticiones.
- Mountain climber, 3 series de 10 a 15 repeticiones por pierna.

- Tabata sit-up, 20 segundos de máximo esfuerzo.

En circuito

Recuerda, descansa 1 minuto después de cada vuelta y los ejercicios de calentamiento no se realizan en circuito.

- Rodillas arriba, 2 series de 10 a 15 repeticiones.
- Inch worm, 2 series de 6 a 10 repeticiones.
- Jumping jacks, 2 series de 30 repeticiones.
- Circuito (3 vueltas):
  - Burpee, de 10 a 15 repeticiones.
  - Zancadas con salto, de 10 a 15 repeticiones por pierna.
  - Plancha con flexión, de 10 a 15 repeticiones.
  - Mountain climber, de 10 a 15 repeticiones por pierna.
  - Sit-up, durante 20 segundos.

CAPÍTULO 5. RUTINA DE 20 MINUTOS EN CASA SIN PESAS

Las pesas son unas aliadas increíbles; eso nadie lo discute. Pero a veces llegamos a depender demasiado de ellas. Lo que ocurre entonces es que acabamos desperdiciando otras múltiples posibilidades de entrenamiento de cuerpo completo, que pueden ser igual de exigentes y darnos resultados bastantes satisfactorios.

De nuevo, el peso corporal puede ser un gran aliado en este caso, por lo cual en esta rutina intentaremos aprovecharlo desde otro enfoque, uno más exigente.

Rutina de peso corporal en 20 minutos

Realiza 3 series de 10 a 12 repeticiones de los siguientes movimientos sin pesas. La rutina se compone de calentamiento y dos circuitos, A y B.

Realiza los 4 ejercicios de cada circuito y descansa un minuto antes de comenzar con el siguiente circuito. Esta vez no habrá descanso entre ejercicios.

Calentamiento

Es importante calentar adecuadamente antes de realizar cualquier actividad física. En este caso, te recomendamos empezar con un masaje con Foam Roller en los principales grupos musculares (pecho, espalda, cuádriceps y femorales), seguido de 5-10 minutos caminando o trotando, y otros 5 minutos dedicados un ejercicio de estiramiento dinámico, como abrazar la rodilla caminando.

Circuito A

- **Zancadas con salto**: 3 series de 10 a 12 repeticiones.
- **Flexiones**: 3 series de 10 a 12 repeticiones. Descender y volver a subir cuenta como una repetición en este ejercicio.
- **Puente**: 3 series de 10 a 12 repeticiones. Recuerda que llevar la cadera arriba y luego abajo en este ejercicio, cuenta igualmente como una sola repetición.
- **Plancha lateral**: 3 series aguantando la posición durante 20 segundos. Intenta mantenerte estable mientras realizas el ejercicio. En caso de que te resulte muy complicado, reduce la duración a 10 segundos hasta que adquieras más práctica.

Circuito B

- **Sentadillas**: 3 series de 10 a 12 repeticiones. Baja hasta que tus piernas estén paralelas al suelo. Si quieres trabajar más los glúteos, baja más, hasta que la parte de atrás de tus muslos esté a punto de tocar con tus gemelos. Sea cual sea la variante que uses, no curves la espalda.
- **Flexiones con los pies en alto**: 3 series de 10 a 12 repeticiones. Realiza unas flexiones normales pero esta vez con los pies en alto. Puede ser encima de un banco o de una silla, cuanta mayor sea la altura de la superficie en la que te apoyes, más difícil será el ejercicio.
- **Plancha en equilibrio**: 3 series aguantando la posición durante 30 segundos. No te dejes engañar por la simplicidad de este ejercicio, resulta realmente complicado las primeras veces y es todo un reto mantener la estabilidad. Realiza el ejercicio 15 segundos sobre un brazo y 15 segundos sobre el otro, levantando siempre la pierna opuesta.
- **Superman**: 3 series de 10 a 12 repeticiones. Túmbate boca abajo en el suelo y despega del suelo los brazos y las piernas a la vez. Si te ves capaz, aguanta la posición dur-

ante unos segundos antes de volver a bajar las extremidades.

¿Problemas con los tiempos de los ejercicios?

Al principio es complicado entrenar descansando tan poco entre cada ejercicio, sobre todo cuando se compone de circuitos. Tómate un respiro y añade un poco de tiempo al descanso entre circuitos. La calidad siempre por encima de la cantidad.

Por el contrario, si te resulta demasiado fácil, reduce los tiempos de descanso a la mitad o incrementa el número de repeticiones a 15. Puedes probar variantes de los ejercicios más complicadas, pero: ¡no te excedas!

CAPÍTULO 6. LOS 7 MEJORES EJERCICIOS PARA HACER EN CASA

Puede que una rutina completa no sea lo mejor para ti. O acaso quieres saber qué ejercicios son realmente útiles, para que puedas combinarlos en una rutina épica, creada por ti mismo.

Para que puedas experimentar un poco y siempre obtener resultados estupendos, te sugerimos y detallamos 7 ejercicios perfectos, que puedes realizar desde casa, algunos solo con peso corporal y otros con equipamiento sencillo.

Los 7 mejores ejercicios para hacer en casa

1. Puente

El puente clásico se dirige a los abdominales y los glúteos cuando se está realizando la apertura del tórax, cosa que puedes necesitar si eres de pasar mucho tiempo en el escritorio.

- Comienza acostándote de espaldas con las rodillas dobladas y los pies plantados en el suelo a la altura de las caderas.
- Contrae los abdominales y los glúteos, empujando la pelvis hacia arriba, lejos del piso. Mantén alineadas las costillas con la pelvis y asegúrate de que tus rodillas estén directamente encima de los talones.
- Baja las caderas y la pelvis a poca altura del suelo y haz una pausa. Esto completa una repetición.
- Vuelve a elevar las caderas y repite todo el movimiento.

Haz un total de 3 series de 10 repeticiones. Puedes añadir un bloque de yoga o una pequeña pelota entre las rodillas para trabajar el interior de los muslos también.

2. Peso muerto

Uno de los ejercicios más básicos de la sala de pesas es el peso muerto, el cual nos sirve para corregir los desequilibrios del cuerpo y la postura, como también para elevar los glúteos.

- Comienza de pie, sosteniendo 2 pesas (o una barra) delante de tus muslos con los nudillos apuntando hacia afuera, manteniendo los brazos rectos y las rodillas ligeramente dobladas.
- Lentamente, debes doblar la cadera (no la cintura) y bajar las pesas lo más lejos posible sin arquear la espalda.
- Asegúrate de mantener la columna vertebral neutral con un arco lumbar natural y los hombros hacia abajo. Mirar hacia adelante (no al suelo) te ayudará a evitar aun arqueo contraproducente en la espalda.
- Aprieta los glúteos para ir hacia arriba a un ritmo más rápido de lo que demoraste en doblar hacia abajo (por ejemplo: a los principiantes les puede tomar 4 segundos para doblar hacia abajo y 2 segundos para ir hacia arriba). No utilices la espalda y tampoco redondees tu columna vertebral.

Recuerda mantener las pesas o la barra cerca de tus piernas, casi tocándolas. Completa un total de 3 series de 12-15 repeticiones.

3. Zancada

Las estocadas o zancadas sirven para aumentar la flexibilidad y el equilibrio, y fortalecer los músculos de la parte inferior del cuerpo.

- Mantén tu cuerpo recto, con los hombros hacia atrás y relajados, y la barbilla hacia arriba (elige un punto fijo cuando mires al frente, para no mirar hacia abajo).
- Da un paso hacia adelante con una sola pierna, bajando las caderas hasta que ambas rodillas estén dobladas en

un ángulo de 90 grados. Asegúrate de que tu rodilla delantera esté directamente encima de tu tobillo y no empujando hacia afuera demasiado lejos, y además, que tu otra rodilla no toque el suelo.

- Mantén el peso en los talones a medida que empujes hacia atrás hasta la posición inicial.

Realiza el ejercicio hasta completar un total de 3 series de 12-15 repeticiones.

4. Plancha

La plancha es un ejercicio muy completo: además de esculpir tus brazos, el movimiento desafía el equilibrio y activa los músculos del abdomen de forma muy eficaz.

- Comienza en el suelo, descansando sobre las rodillas.
- Acuéstate boca abajo, colocando las palmas de las manos sobre la colchoneta, a los costados de tu cabeza y separadas según el ancho de los hombros. Las palmas deben estar colocadas de forma plana, extendiendo los dedos a lo ancho para ayudar a soportar tu peso y tomar la tensión de las muñecas.
- Extiende las piernas detrás de ti, colocándolas una a la vez, y descansa tu peso en los dedos de los pies.
- La posición en que quedarás será como la de la flexión tradicional, pero apoyando el peso en los antebrazos y las manos, no solo en las manos.
- Contrae los abdominales para evitar que tu tronco se eleve o se hunda. La columna vertebral debe estar paralela al suelo, con los abdominales manteniendo cierta presión.
- Mantén la posición durante 30-60 segundos, hasta completar 3 series.

5. Flexiones

Este es un ejercicio popular que sirve para fortalecer la parte superior del cuerpo, pero hacerlo de forma incorrecta puede traer más daños que beneficios. Hay que ser conscientes de estos 4 aspectos cuando ejecutemos nuestras flexiones de brazos: alineación del cuerpo, manos, abdomen y respiración.

- Debes empezar en una posición de plancha alta, apoyado sobre las manos, asegurándote de que tus hombros estén alineados sobre las muñecas y los dedos de las palmas de las manos se extiendan a lo ancho, con presión en las yemas de los dedos.
- Mantén cierta presión en tu abdomen a medida que vas hacia abajo, para ayudar a mantener la columna vertebral recta. Tu cuerpo deberá quedar en línea recta. Los codos deben doblarse mirando hacia los lados.
- Asegúrate de conectar la respiración con tus movimientos: inhala mientras doblas los codos y exhala cuando estés subiendo.

Si estás empezando, debes hacer 10 flexiones, o cuantas puedas, hasta completar 3 series, y luego ir añadiendo más repeticiones a medida que te vayas volviendo más fuerte.

6. Giro ruso

Este ejercicio se dirige a los abdominales, especialmente a los oblicuos, y además ayuda con la circulación y digestión. La espalda y la columna vertebral también se ven beneficiadas, al recibir estiramiento.

- Siéntate en el suelo con las rodillas dobladas y los talones ubicados cerca de tus glúteos.
- Inclínate ligeramente hacia atrás y sin arquear la columna vertebral.
- Coloca los brazos hacia afuera delante de ti, con una mano encima de la otra. Tus manos deben estar niveladas con la parte inferior de tu caja torácica.
- Haz presión con tu abdomen y gira lentamente hacia la izquierda. El movimiento no es grande y viene del giro de tus costillas, no del balanceo de tus brazos.
- Inhala cuando vuelvas al centro y gira hacia la derecha. Esto completa una repetición.

- Luego, levanta tus pies del suelo o sostén un balón medicinal para una variación más avanzada.
- Haz 3 series de 15-20 rotaciones completas.

7. Sentadillas

La sentadilla es uno de los movimientos de mejor aptitud funcional que puedes dominar, ya que en la vida son muchas las ocasiones en que te deberás valer de la fuerza de tus piernas y abdomen para realizar una actividad.

- Ponte de pie, con la cabeza mirando hacia el frente y la espalda erguida. Tus pies deben estar separados según el ancho de tus hombros.
- Extiende tus manos hacia afuera y delante de ti para ayudarte a mantener el equilibrio.
- Sube y baja como si estuvieras sentado en una silla imaginaria. Mantén tu cabeza hacia delante mientras el tronco se dobla un poco hacia delante y arquea ligeramente la zona lumbar a medida que desciendes.
- Baja tratando de que tus muslos estén lo más paralelos al suelo que te sea posible, pero manteniendo las rodillas alineadas con los tobillos. Presiona tu peso hacia los talones.
- Mantén tu cuerpo apretado y empuja a través de tus talones para traerte de vuelta a la posición inicial.
- Haz 3 series de 10-15 repeticiones.

CAPÍTULO 7. LA RUTINA DEFINITIVA PARA HACER EN CASA

Hasta ahora hemos propuesto rutinas que son útiles para hacer en casa; esta, sin embargo, difícilmente podrás hacerla en otro lugar.

Para realizar esta rutina aprenderás a usar elementos cotidianos del hogar, sacándoles el máximo provecho.

Si la realizas esta rutina durante al menos 6 semanas con entusiasmo y disciplina, difícilmente querrás usar aparatos de gimnasio nuevamente.

¿Qué equipamiento necesito para entrenar en casa?

En primer lugar, contamos con que al menos puedes disponer de este material:

- 2 sillas.
- 2 latas de pintura de 3-4 litros llenas u otros recipientes parecidos.
- Una barra o algo parecido donde te puedas colgar o que puedas levantar.

Para hacer que tu cuerpo cambie debes retar a tus músculos y elevar tu ritmo cardíaco durante un período prolongado. Las siguientes sugerencias cumplen con esos propósitos, y puedes usarlas luego para elaborar tus propias rutinas, obteniendo los mismos resultados que en un gimnasio tradicional.

Rutina 1 para hacer en casa

Ronda 1

- Sentadilla con bote de pintura.
- Fondos entre sillas.
- Dominadas con agarre abierto.

Ronda 2
- Sentadilla isométrica con 2 botes de pintura.
- Press militar con botes de pintura.
- Remo inclinado con botes de pintura.

Ronda 3
- Sentadilla sosteniendo una silla al frente.
- Flexiones entre sillas.
- Dominadas con agarre cerrado.

Ronda 4
- Sentadilla sosteniendo 2 sillas al frente.
- Press de pecho de pie con botes de pintura.
- Remo de pie con botes de pintura.

Para garantizar buenos resultados debes realizar:

- De 3 a 5 series para cada una de las cuatro rondas.
- Llegar al fallo o cerca del fallo en cada uno de los ejercicios (entre 15-20 repeticiones)
- En cuanto al descanso, puedes hacer todos los ejercicios seguidos sin descanso o bien dejar pasar entre 15-30 segundos entre ellos. El descanso entre rondas dependerá del número de éstas que hayas ejecutado.

Rutina 2 para hacer en casa
- Realiza 30 burpees.
- Ejecuta 10 zancadas para cada pierna.
- Realiza 3 series de bear crawl recorriendo una distancia aproximada de 15 m.
- 25 sentadillas acompañadas de press con botes de pintura.
- Cuélgate de una barra el tiempo máximo que puedas.
- Flexiones con pies sobre las sillas al fallo.
- 35 repeticiones de sentadilla de copa con 2 botes de

pintura.

- Encogimientos para abdomen con botes de pintura como lastre (20 repeticiones).
- Haz una plancha sosteniéndote entre ambas sillas hasta el fallo.

Puedes realizar de dos a tres rondas de esta serie de ejercicios. Puedes o no descansar entre ejercicios o darte entre 20-40 segundos de respiro entre ellos, dependiendo de tu nivel de acondicionamiento. Entre rondas toma el tiempo que necesites.

Rutina 3 para hacer en casa

- Remo con botes de pintura realizando una contracción isométrica de 10 segundos hasta el fallo.
- Toma en cada brazo una lata de pintura y realiza 20 zancadas por pierna.
- Press militar con sillas.
- Con apoyo de una las latas de pintura o incluso de una silla puedes hacer flexiones de bíceps.
- Step-up sobre silla durante 20 segundos.
- 15 repeticiones de curl y press con silla.
- Flexiones con agarre cerrado al fallo.
- Sentadilla isométrica apoyado en pared, sosteniendo un bote de pintura hasta el fallo.
- Encogimientos para abdomen con botes de pintura como lastre (25 repeticiones).
- Jumping jacks sobre pierna derecha (40 repeticiones)
- Crab walk durante 15 metros (3 series)
- Jumping jacks sobre pierna izquierda (40 repeticiones).

Puedes hacer de tres a cuatro rondas si posees una aptitud excepcional, pudiendo descansar lo que necesites entre rondas.

Recomendaciones

- Mientras te ejercitas recuerda tomar suficiente agua para mantenerte hidratado. Tómala antes, durante y después de cada jornada.
- Realiza estas rutinas por lo menos tres veces por sem-

ana.
- Planifica el horario que tendrás para entrenar.
- Recuerda que la constancia y disciplina son la clave para lograr tus objetivos.

CAPÍTULO 8. LOS 8 MEJORES EJERCICIOS DE PESO CORPORAL PARA PROBAR EN CASA

Los ejercicios de peso corporal siguen en el tope de la lista en cuanto a opciones para entrenar en casa se refiere. Gracias a ellos, y con solo 3 horas a la semana, podemos reducir el riesgo de padecer enfermedades cardíacas, algunos tipos de cáncer y mejorar la salud mental y la función cognitiva.

A los ejercicios de peso corporal que hemos visto antes, queremos agregar algunos nuevos, menos conocidos, pero que son tan efectivos que bien vale la pena verlos en detalle y probarlos en casa.

Veamos cuáles son estos ejercicios, qué músculos trabajan y cómo realizarlos.

1. Skipping (rodillas altas)

¿Qué músculos trabaja?
Cuádriceps, glúteos, gemelos, tibial anterior, flexores de caderas y la capacidad anaeróbica.

¿Cómo se hace?
- Se trata de correr sin moverte del sitio donde te encuentres llevando las rodillas por encima del nivel de las caderas.

- Asegúrate de que levantas suficientemente las rodillas colocando las manos con las palmas hacia abajo en frente de ti, procurando tocarlas con las rodillas mientras trotas.
- Para incrementar la dificultad del ejercicio puedes hacer lo mismo colocando tus codos en un ángulo de 90 grados y alternándolos con la rodilla que suba en ese momento tan rápido como puedas, igual que haría un velocista.
- Una cosa importante es aterrizar siempre sobre la parte delantera de tu pie, nunca sobre tus talones, de este modo evitarás hacerte daño.

¿Cuántas series debo hacer?

Empieza subiendo la velocidad del trote durante los primeros 10 segundos hasta alcanzar tu velocidad máxima que mantendrás durante 30 segundos. Después, descansa durante 20 segundos y repite entre 2 y 4 veces más. Este ejercicio te hará sudar como pocos y también lo puedes utilizar como calentamiento de ejercicios más complejos.

2. Butt Kicks

¿Qué músculos trabaja?

Femorales, cuádriceps, glúteos, gemelos, espinillas y la tasa cardiaca.

¿Cómo se hace?

Es similar al ejercicio explicado anteriormente con la diferencia de que ahora en cada zancada debes golpear tu trasero con los talones.

¿Cuántas series debo hacer?

Haz entre 3-5 series de 20-30 segundos de sprints con 20 segundos de descanso entre cada una.

3. Sentadillas con salto

¿Qué músculos trabaja?

Femorales, cuádriceps, glúteos, gemelos y tibial anterior.

¿Cómo se hace?

- De pie, con los pies separados a la anchura de las caderas y las puntas de los pies apuntando hacia fuera, baja como si fueras a hacer una sentadilla y cuando bajes del todo impúlsate hacia arriba a través de tus talones para saltar.
- Para amortiguar el salto, apoya todo tu peso sobre la parte delantera de la planta del pie, igual que con el skipping, y dobla las rodillas.

Si puedes hacerlo delante de un espejo, comprueba que tus rodillas sigan una trayectoria recta y no se tambaleen mientras haces el ejercicio.

¿Cuántas series debo hacer?
Haz 3 series de 10-15 repeticiones.

4. Flexiones en T

¿Qué músculos trabaja?
Pecho, tríceps, hombros, abdomen, dorsales, aductores y abductores.

¿Cómo se hace?

- Colócate en la posición baja del movimiento de flexiones situando tus manos a una anchura ligeramente mayor de la de tus hombros, metiendo los codos cerca de tus costillas y con las escapulas hacia atrás y hacia abajo.
- Procura que tu barbilla sobresalga hacia delante, ya que lo primero que debe tocar el suelo no es ni la cabeza, ni las caderas, ni otra parte del cuerpo: únicamente el pecho.
- Cuando empujes hacia arriba (¡siempre con la espalda recta!), inspira, mantén todo tu peso corporal únicamente por tu parte derecha y levanta el brazo izquierdo del suelo, girando el torso cara a la pared.
- Después, y con cuidado, gira el torso otra vez hacia el suelo y vuelve a apoyar la mano izquierda para sopor-

tar todo tu peso corporal mientras espiras. Finalmente, haz una flexión y haz lo mismo con el lado opuesto. Esto será una repetición.

¿Cuántas series debo hacer?
Este es un ejercicio muy exigente, por lo que hacer 3 series de 7-10 repeticiones será suficiente. De hecho, si no eres capaz de soportar por ti mismo tu peso corporal puedes ayudarte apoyando las rodillas en el suelo, hasta que seas capaz de hacerlo de manera tradicional.

5. Mountain Climbers

¿Qué músculos trabaja?
Pecho, hombros, tríceps, abdomen, flexores de cadera, femorales y cuádriceps.

¿Cómo se hace?
Este ejercicio es similar al del skipping con rodillas altas, pero desde una posición como si fueras a realizar una flexión. Empieza llevando tu rodilla izquierda hacia el pecho y rápidamente vuelve a llevarla a su posición inicial mientras llevas tu rodilla opuesta al pecho.

Es importante que no balancees demasiado tu trasero en el aire y que te mantengas en una posición similar a la que se tiene cuando se hacen planchas.

¿Cuántas series debo hacer?
Haz 3-5 series de 30 segundos.

6. Down-Dog to Up-Dog

¿Qué músculos trabaja?
Pecho, hombros, tríceps, abdomen, flexores de cadera, femorales y cuádriceps.

¿Cómo se hace?
· Apóyate sobre el suelo con las palmas de las manos, el torso completamente recto, el trasero elevado, la cabeza hacia abajo y la planta delantera del pie sobre el suelo. Desde ahí, desplaza tu cuerpo hacia delante para

colocarte en una posición similar a como si fueras a realizar flexiones.

- Desde ese punto, baja completamente, con las rodillas pegadas al suelo y desde ahí impúlsate a través de los dedos de los pies hacia arriba, arqueando tu espina dorsal y con la cabeza elevada. Mantén la pelvis contraída hacia delante para proteger tu espalda.
- Cuando hayas acabado el movimiento, levanta las caderas para volver a la posición de inicio.

¿Cuántas series debo hacer?
Hazlo entre 5-10 veces, al ritmo que tú prefieras.

7. Elevaciones de pierna

¿Qué músculos trabaja?
Flexores de cadera, abdominales y oblicuos.

¿Cómo se hace?

- Túmbate en el suelo mientras presionas tu espalda baja contra el suelo.
- Coloca las manos debajo del trasero o detrás de las caderas. Desde ahí, levanta las piernas de manera recta hasta un ángulo de 90 grados.
- Después bájalas de la misma manera hasta justo arriba del suelo, sin llegar a tocarlo.

¿Cuántas series debo hacer?
Haz 3 series de 10-15 repeticiones. Si tienes molestias en los lumbares, trata de mantener el abdomen estabilizado y alternar una pierna y otra en lugar de levantar las dos a la vez.

8. Superman

¿Qué músculos trabaja?
Espalda baja, dorsales, hombros.

¿Cómo se hace?

- Túmbate boca abajo, apoyando el vientre en el suelo, con las piernas rectas y las manos detrás de la cabeza.
- Desde ahí, alza tu brazo derecho y pierna derecha al

mismo tiempo mientras tensas los glúteos y la espalda baja.

- Posteriormente bájalos y haz lo mismo con el brazo y la pierna izquierda. Esto sería una repetición.

¿Cuántas series debo hacer?

Haz 3 series de 10-15 repeticiones. Para aumentar la dificultad también puedes alternar brazo derecho con pierna izquierda y viceversa.

Conclusión

Como puedes ver, no hay excusas para dejar de entrenar aunque no tengamos un gimnasio cerca ni material disponible. Los ejercicios aquí descritos nos permiten hacer una rutina muy desafiante en tan solo 20 minutos que nos va a permitir mantenernos en forma los días que no podamos acceder a unas instalaciones equipadas.

Los ejercicios descritos puedes hacerlos por separado o en forma de circuito cuando ya los tengas dominados, de este modo conseguirás quemar más calorías y ganar músculo.

CAPÍTULO 9. RUTINA PARA PERDER PESO: EN CASA Y SIN EQUIPAMIENTO

No todos los entrenamientos tienen que ser sobre aumentar o definir músculos. Muchas personas simplemente entrenan con el objetivo de perder peso, y para lograr esto no hace falta nada más que un espacio libre en la casa, donde se puedan realizar ejercicios de peso corporal.

Cuando una rutina se compone de ejercicios de peso corporal, los períodos de descanso entre cada ejercicio pueden ser pequeños y, si se realizan en forma de circuito, la efectividad se multiplica ya que es un trabajo muy demandante metabólicamente.

Por si no lo sabías, los circuitos compuestos por ejercicios que entrenen diferentes grupos musculares, son muy efectivos para la pérdida de grasa debido a la mayor liberación de ácido láctico y hormona del crecimiento. La liberación de esta hormona promueve la lipólisis, un proceso en el cual los lípidos se convierten en ácidos grasos para cubrir nuestras necesidades energéticas, es decir, lo que comúnmente hemos denominado "quemar grasa".

¿Cómo realizar este entrenamiento?
Puedes utilizar este entrenamiento como 2 programas diferentes (realizando un día el entrenamiento de piernas y otro el de torso) o como una rutina de cuerpo completo, realizando ambos el

mismo día.

Además, puedes realizar los ejercicios de dos maneras: completando todas las series de cada ejercicio antes de pasar al siguiente, o realizando una serie de todos los ejercicios antes de pasar a la siguiente vuelta. Ambas son maneras válidas de afrontar el entrenamiento, así que elige la que más te guste.

Entrenamiento de piernas

- **Sentadilla con peso corporal**: 3 series de 15 a 20 repeticiones y 60 segundos de descanso entre cada serie.
- **Puente con una pierna**: 3 series de 12 repeticiones con cada pierna y 30 segundos de descanso entre cada serie.
- **Zancadas**: 3 series de 45 a 60 segundos de duración y descansos de 30 segundos. En este caso realizaremos zancadas alternas, es decir, cambiando en cada repetición la pierna que se quedan adelante y atrás.
- **Plancha lateral**: 3 series manteniendo la posición durante 30 segundos y descansando 45 segundos entre cada serie.

Entrenamiento de torso

- **Inch worm**: 3 series de 10 a 12 repeticiones y 60 segundos de descanso entre cada serie.
- **Flexiones con los pies en alto**: 3 series de 10 a 20 repeticiones y 60 segundos de descanso entre cada serie. Recuerda apoyar los pies sobre una superficie fija o debidamente asegurada, como por ejemplo una silla apoyada en la pared.
- **Flexiones con manos juntas**: 3 series de tantas repeticiones como puedas y 60 segundos de descanso entre cada serie. Si no eres capaz de realizar más de 8 repeticiones con las manos juntas, prueba realizándolas con una apertura más estrecha que las flexiones tradicionales, pero sin llegar a juntar las manos.
- **Burpees**: 3 series de 10 repeticiones y 60 segundos de descanso entre cada serie.

Perder peso es posible

Una "rutina para perder peso" no es un entrenamiento que, tan solo haciéndolo, te permitirá perder peso de inmediato. Sin un plan nutricional adecuado no es posible perder peso; sin embargo, esta y otras rutinas te ayudarán a lograrlo de la mejor manera posible: de un modo natural, cuidando tu salud.

Recuerda que este entrenamiento puede ayudarte a perder peso y a entrenar cuando no tengas mucho tiempo. Si tienes tiempo y buscas una rutina para perder peso mucho más enfocada, es posible hacerlo de una manera más rápida y completa, con equipamiento y mayor variedad de ejercicios.

CAPÍTULO 10. RUTINA PARA GANAR PESO CORPORAL EN CASA

Aunque no estemos acostumbrados a escucharlo, hay muchas personas que entrenan no para perder peso, sino para ganarlo. Las razones para esto pueden ser muchas.

Existen quienes practican deportes donde necesitan tener un peso corporal relativamente elevado, con el fin de realizar su actividad física cómodamente. Ejemplo de esto pueden ser los atletas que practican ciertos tipos de lucha.

Por otro lado, también hay personas que han vivido toda su vida con dificultad para ganar, por lo que enfrentan problemas de salud o son incapaces de realizar ciertas actividades.

Sea cual sea el caso de cada persona, el método correcto de ganar peso no es aumentando los niveles de grasa corporal (algo contraproducente desde cualquier punto de vista), sino aumentando los niveles de masa muscular.

Ahora bien, muchas personas creen que es imposible ganar una cantidad de músculo suficiente como para hacernos subir de peso significativamente sin ir al gimnasio. Estas personas argumentarán que la hipertrofia que se puede conseguir con ejercicios de peso corporal o con aparatos de gimnasio sencillos no es suficiente. ¿Es eso cierto?

¿Qué se necesita para ganar peso muscular?

Tal y como ocurre con cualquier cambio corporal que queramos obtener, para ganar peso corporal creando músculo y no grasa, es importante cuidar dos cosas: hacer un cambio de alimentación y realizar ejercicios de fuerza.

En el caso de la alimentación, esta deberá enfocarse en aumentar los niveles de calorías que se consumen, pero siempre de un modo saludable. Esto es:

- Elevar la ingesta diaria de proteína.
- Disminuir la cantidad de carbohidratos vacíos que se consumen.
- Aumentar el consumo de carbohidratos saludables.

La cantidad de calorías que se deban ingerir dependerá de la cantidad de peso que se desee ganar. Estas deben ser calculadas por un experto con un método válido, no elegidas de un modo arbitrario. Sin embargo, es importante recordar que no es un mito que el músculo pesa más que la grasa, con lo que tampoco hay que excederse y aumentar drásticamente la ingesta de calorías.

En el caso de los ejercicios, estos deben ser, como ya se ha dicho, ejercicios de fuerza variados que permitan la hipertrofia en distintas zonas estratégicas del cuerpo. Para esto es necesario que los ejercicios seleccionados cumplan con tres requerimientos:

- **Tensión mecánica**: es lo que ocurre cuando un músculo está expuesto a soportar un peso elevado.
- **Estrés metabólico**: se da cuando el músculo ha sido expuesto a un esfuerzo demasiado tiempo, lo que causa fatiga y una irrigación sanguínea superior, que ayuda a aumentar su tamaño.
- **Daño muscular**: es ese dolor que se siente entre las primeras 24 y 48 horas después de realizar un entrenamiento muscular suficiente. En este período el músculo genera nuevas células en apoyo a las que se han visto afectadas durante el entrenamiento, aumentando su tamaño. Se puede decir que es aquí donde el músculo se fabrica. Si no se da al tejido un período de descanso para que ocurra esta fase, esta no se dará correctamente.

El problema con los ejercicios de peso corporal es que es difícil conseguir la suficiente tensión mecánica a través de ellos cuando se tiene tiempo entrenando con peso. Sin embargo, esto se puede remediar practicando ejercicios complejos y aumentando las repeticiones a través de un enfoque de entrenamiento progresivo como el de la pirámide de entrenamiento.

También se puede buscar formas de hacer más difíciles los ejercicios. Por ejemplo: haciendo flexiones a una mano o sentadillas a una pierna.

La rutina de peso corporal definitiva para ganar masa muscular

La siguiente rutina está compuesta de dos circuitos, cada uno consistente de 3 ejercicios de peso corporal, que hechos en conjunto representan un entrenamiento de cuerpo completo.

Circuito 1 para ganar masa muscular

- **Sentadillas**: realiza 10 repeticiones, haciendo énfasis en mantener una postura de espalda correcta y en ejecutar lentamente el ejercicio.
- **Flexiones**: haz 10 repeticiones. Recuerda la postura adecuada: pies poco separados, manos directamente bajos los hombros y la espalda recta.
- **Hollow body**: como su nombre indica, este ejercicio se realiza sosteniendo una postura corporal para crear tensión. Para ejecutarlo:
  - Acuéstate en el suelo boca arriba, con los brazos extendidos sobre la cabeza y las palmas de las manos vueltas hacia arriba.
  - Desde ahí, eleva los brazos y los pies unos 20 centímetros del suelo y sostén la posición durante al menos 45 segundos.

Todo este circuito se debe realizar sin descansar entre cada ejercicio, hasta completar tres rondas del circuito.

Al finalizar las tres rondas del circuito, tómate 60 segundos de descanso y pasa al siguiente circuito.

Circuito 2 para ganar masa muscular

- **Dominadas**: realiza 5 repeticiones. Es importante que cada repetición esté correctamente hecha: el desplazamiento debe ser lento y consistente; los brazos deben extenderse por completo antes de subir en cada repetición y la barbilla debe sobrepasar la barra. Igualmente es importante no impulsarse con las piernas al subir.
- **Saltos del patinador**: el salto del patinador es justo lo que su nombre indica: imitar el desplazamiento lateral de un patinador en movimiento, dando un salto de lado a lado. Al aterrizar, el peso debe descansar en el pie delantero, mientras el otro se extiende detrás. Los brazos se pueden balancear para ayudar. Deberás realizar cuantos desplazamientos laterales puedas ejecutar durante 30 segundos.
- **Plancha RKC**: para realizar esta variación de la plancha tradicional, debemos apoyarnos sobre el suelo con las palmas de las manos, los antebrazos y las puntas de los pies. La idea es generar una contracción de glúteos, muslos y abdomen que permita mantener la espalda en una postura recta, sin arqueos innecesarios.

Para este circuito te puedes tomar 30 segundos de descanso entre cada ejercicio. Igualmente, se debe completar un total de tres rondas del circuito completo.

¿Cómo hacer más intensa una rutina de peso corporal?

Si has entrenado recientemente con pesos añadidos y temes que esta rutina no te sea del todo efectiva, no hay razón para preocuparse. Como hemos dicho, estos ejercicios se pueden hacer más retadores agregando más repeticiones o haciéndolos más complejos.

Una buena manera de hacer más compleja e intensa esta rutina es enfocarse en realizar más lentamente la parte excéntrica de cada ejercicio.

Llamamos parte excéntrica del ejercicio a aquella en que el músculo está más relajado. Por ejemplo, en una flexión de brazos la parte excéntrica es cuando dejas caer el cuerpo. Una manera de hacer más difícil el ejercicio sería bajar más lentamente.

Sea cual sea el método que escojas, obtener buenos resultados de esta rutina dependerá siempre de tu constancia y disciplina.

CAPÍTULO 11. LOS MEJORES EJERCICIOS PARA ENTRENAR EL TREN SUPERIOR CON SOLO UN PAR DE MANCUERNAS

Una pregunta bastante común en los gimnasios y en los foros de entrenamiento físico es cuál es el mejor método para entrenar el tren superior.

Como su nombre da a suponer, el tren superior del cuerpo es un término usado para englobar a los músculos de la parte superior de la anatomía humana. A menudo este concepto se suele confundir con el de torso, aunque la verdad el torso alude a una zona más focalizada, refiriéndose al tronco (abdominales, espalda, pecho y hombros).

A pesar de que muchos recomiendan que el tren superior se entrene a base de levantamientos de pesas arduos, con máquinas y distintos elementos, esto no siempre es necesario.

Tal y como demuestran las imágenes que vemos de los cuerpos de atletas especializados en ejercicios calisténicos (los gimnastas, por ejemplo), un buen tren superior puede ser producto de la aplicación disciplinada de ejercicios de peso corporal, mezclados con ejercicios suficientes y bien seleccionados de levantamiento.

Tal y como explicamos al principio de este libro, un buen par de mancuernas pueden ser todo lo necesario para entrenar la parte superior del cuerpo. Dar un vistazo a todos los ejercicios que se pueden realizar con ellas, bastará para quedar plenamente convencido.

Los mejores ejercicios con mancuernas para entrenar el tren superior

1. Press de banca con mancuernas

- Inicia de pie y de espaldas a un banco plano, sosteniendo una mancuerna en cada mano.
- Siéntate apoyando los glúteos cerca del borde del banco, a la vez que colocas una mancuerna en cada muslo, dejándolas reposar.
- Recuéstate en el banco, dejando la espalda y la cabeza rectas y completamente apoyadas.
- Para llevar las mancuernas a la posición de inicio, apóyate con los muslos, empujándolas con ellos para ayudarte a llevarlas a los costados, a la altura del pecho. Esta es la técnica correcta de apoyarte con las piernas para asumir la posición de inicio sin poner una carga innecesaria en la espalda.
- Una vez en la posición de inicio –manos a los costados, con las palmas viendo hacia arriba y hacia el frente-, extiende los brazos hacia arriba.
- Al subir, gira las muñecas de modo que las palmas de ambas manos entren casi en contacto al llegar arriba
- Para regresar a la posición inicial, invierte el movimiento lentamente.
- Lo recomendable es hacer entre 8 y 12 repeticiones del ejercicio, durante al menos 3 series.

2. Press de hombros

- Inicia sentado en una silla o en un banco plano, sujetando una mancuerna en cada mano y apoyándolas sobre los muslos. Las palmas de las manos deben mirarse.
- La espalda debe permanecer recta y los pies firmemente apoyados en el suelo.
- Sube ambas manos a la vez a la altura de los hombros, girando las muñecas de modo que al llegar arriba queden mirando al frente, con los codos flexionados

mirando hacia los lados. Esta es la posición de inicio.

- Desde allí, eleva las mancuernas acercándolas por encima de tu cabeza pero sin tocar la una con la otra. El movimiento debería detenerse antes de que los codos queden completamente extendidos.
- En cada repetición, deberás regresar las mancuernas a la altura de los hombros y desde ahí volver a subir.
- Realiza entre 8 y 10 repeticiones, hasta completar 3 series.

3. Remo vertical con mancuernas

- Inicia de pie, sujetando una mancuerna en cada mano, con los brazos extendidos hacia abajo. Las palmas de las manos deben mirar hacia ti, descansando sobre tus muslos.
- Flexionando los codos, con las puntas de estos mirando hacia afuera, eleva las mancuernas lentamente hasta que queden por encima de tu pecho.
- Una vez que las manos lleguen arriba, sostén la posición por unos dos segundos.
- Invierte el movimiento lentamente hasta llegar a la posición inicial.
- Realiza unas 8 o 12 repeticiones, hasta completar 3 series.

4. Curl de bíceps alterno

- Inicia de pie, sujetando una mancuerna en cada mano. Los brazos deben estar extendidos hacia abajo y a los lados, y las palmas de las manos deben mirar hacia el cuerpo. La espalda debe estar recta y las rodillas ligeramente flexionadas.
- Manteniendo la posición de la mano, eleva una mancuerna hasta tu hombro flexionando el codo. Es importante que el brazo permanezca estático cerca del cuerpo. Es el antebrazo el que debe desplazarse.
- Una vez arriba, sostén la posición por al menos un segundo.

- Regresa a la posición inicial y repite el movimiento con el otro brazo. Una vez que ambos brazos hayan subido y bajado, se contará como una repetición.
- Haz unas 8 o 12 repeticiones, hasta completar 3 series.

5. Pullover

- Inicia acostado boca arriba en un banco plano, sujetando una mancuerna con ambas manos, y apoyándola sobre tu pecho.
- La manera correcta de sujetar la mancuerna es con ambas manos cruzadas una sobre la otra, con las palmas mirando hacia arriba, sujetando un extremo de la mancuerna de manera que esta permanezca en posición vertical sobre el pecho.
- Extiende los brazos hacia arriba, elevando la mancuerna pero sin que los codos queden completamente extendidos.
- Manteniendo la extensión de brazos, lleva la mancuerna hacia atrás en un movimiento semicircular, hasta que quede por detrás de tu cabeza, debajo del nivel del banco. Sostén la posición por un segundo.
- Invierte el movimiento hasta volver a llevar la mancuerna frente a ti, pero sin flexionar los brazos en tanto sigas haciendo las repeticiones.
- Realiza entre 8 y 12 repeticiones, hasta completar 3 series.

6. Extensión de tríceps

- Inicia sentado en una silla o banco plano, sujetando una mancuerna con ambas manos.
- Lleva la mancuerna arriba, por encima de tu cabeza. El agarre en este punto deberá ser similar al del pullover, con las palmas de las manos sujetando el disco superior de la mancuerna.
- Desde esta posición, flexiona los codos para trazar un semicírculo con tus antebrazos, hasta que la mancuerna quede justo detrás de la cabeza.

- Vuelve a llevar la mancuerna por encima de tu cabeza, para desde ahí hacer la siguiente repetición.
- Realiza entre 8 y 12 repeticiones, hasta completar 3 series.

7. Curl de muñecas

- Inicia sentado en una silla o banco plano, con las rodillas separadas según el ancho de tus caderas.
- Toma una mancuerna en cada mano e inclínate hacia adelante, apoyando los antebrazos sobre los muslos y con las palmas de las manos vueltas hacia arriba.
- Las muñecas deben quedar fuera de contacto con las piernas, para que puedan moverse con libertad durante el ejercicio.
- Flexiona lentamente ambas muñecas tanto como puedas, llevando las mancuernas hacia ti pero sin separar nunca los antebrazos de los muslos.
- Realiza entre 12 y 15 repeticiones. Luego gira los antebrazos, de modo que las palmas de las manos queden mirando hacia abajo, y realiza otra serie de entre 12 y 15 repeticiones.

¿Qué hacer si no se tiene un banco o mancuernas para entrenar en casa?

Tal y como dijimos previamente, un par de mancuernas y un banco ajustable son elementos útiles y de fácil acceso para cualquiera que desee entrenar en casa. No obstante, es comprensible que no todos lo posean de momento.

Muchas personas han conseguido sustituir exitosamente los bancos para levantar pesas y las mancuernas con elementos que se hallan dentro del hogar.

Una buena manera de sustituir un banco de pesas puede ser, por ejemplo, acondicionar una tabla para planchar o algún objeto similar, apoyándolo sobre una superficie plana. Otro método útil para sustituir un banco plano de gimnasio puede ser simplemente tomar un par de sillas, ubicando una frente a la otra. De ese modo, podremos reposar el tronco sobre ellas, sin tener obstáculos a los lados que nos dificulten, por ejemplo, mover los brazos para realizar el press de banca.

En el caso de las mancuernas, las opciones para reemplazarlas tampoco son escasas. Hay quienes optan por sustituir las mancuernas con objetos como botellas de agua, botes de pintura o sacos pequeños rellenos de arena, piedras u otros objetos pequeños que generen peso extra.

También hay algunos que se animan a fabricarse unas mancuernas propias, valiéndose de cemento. El método suele ser vaciar cemento en un recipiente, colocando una barra de metal en medio. Una vez que el primer lado haya solidificado, se procede a hacer lo mismo con el otro.

Sin embargo, el problema con las mancuernas fabricadas artesanalmente con este método es que se requiere un volumen mayor de cemento para generar el peso de un disco de acero tradicional, lo cual puede traer problemas de movilidad. No obstante, este no deja de ser un método interesante para quien quiera animarse a intentarlo.

CAPÍTULO 12. LA MEJOR RUTINA PARA ENTRENAR EL TREN INFERIOR EN CASA

Para ser completamente honestos, entrenar el tren inferior sin el apoyo de máquinas y pesas especiales puede ser muy retador. Sin embargo, no es imposible.

La principal dificultad de todo esto radica en que los músculos de las piernas y glúteos son claramente mucho más fuertes por naturaleza que los de los brazos y el tronco. Después de todo, son las piernas las que sostienen el peso corporal en la cotidianidad.

Para poder entrenar las piernas de forma adecuada, lo primero que necesitamos es hacernos conscientes de su mecánica.

A pesar de lo que podemos percibir, las piernas ejecutan movimientos mucho más complejos que el simple paso al frente y el paso atrás a los que estamos acostumbrados. Más bien, tienen un rango de movimiento casi total hacia cualquier dirección, lo que significa que tienen distintos grupos de músculos que se encargan de ello.

La manera correcta de entrenar las piernas será, pues, recrear cada uno de los movimientos que realizan, añadiendo cierto grado de dificultad. Esta dificultad puede venir del añadido de pesos. Sin embargo, para fines prácticos, en la siguiente rutina nos concentraremos principalmente en añadir dificultad a los movimientos haciendo énfasis a las partes excéntricas de cada ejercicio.

Rutina casera para entrenar el tren inferior

1. Peso muerto a una pierna

- Inicia de pie, con las piernas separadas según el ancho de tus caderas y sosteniendo un peso en una mano, preferiblemente una mancuerna. También sirve usar una kettlebell ligera.
- Desde esta posición, inclínate llevando el torso hacia adelante, a la vez que elevas la pierna opuesta al brazo con que sostienes la mancuerna.
- Vista de perfil, la posición del ejercicio consistirá en mantener una línea horizontal recta desde la punta del pie de la pierna que permanece elevada hasta la punta de la cabeza. Esto, claro, requiere de bastante equilibrio, pero con algo de práctica se puede llegar a dominar.
- La pierna que sirve de apoyo en el suelo debe estar lo más recta posible, aunque se puede hacer una ligera flexión a nivel de la rodilla.
- Mantén la posición durante unos 20 segundos.
- Repite todo el ejercicio, esta vez cambiando de lado.

Realiza el ejercicio hasta completar 3 series con cada pierna.

2. Sentadilla plié

- Inicia de pie, con los pies más separados que el ancho de los hombros, y con las puntas mirando hacia afuera en un ángulo de 45°.
- Desde esta posición, desciende flexionando las rodillas, hasta que los muslos queden paralelos al suelo.
- Es importante mantener una postura adecuada durante el ejercicio: la espalda recta, los glúteos con cierta tensión, la mirada al frente y las rodillas siempre sin sobrepasar los pies deben ser constantes durante todo el movimiento.
- Vuelve a la posición inicial haciendo presión con los glúteos y los talones.

Repite todo el ejercicio hasta completar 3 series de 20 segundos.

3. Desplazamiento lateral con sentadilla

- Inicia de pie, con la espalda recta y manteniendo una separación entre los pies superior al ancho de los hombros.
- Manteniendo las puntas de los pies mirando al frente, desciende hasta quedar en una posición de media sentadilla, esto es: con los muslos aproximadamente a 45° en relación con el suelo, o un poco más, pero no hasta llegar a un punto en que te causes demasiada tensión.
- Sin perder la posición de media sentadilla, da dos pasos hacia el lado derecho, y después invierte el movimiento dando dos pasos a la izquierda.
- Continúa desplazándote de un lado a otro, sin perder la posición de las piernas, hasta completar 20 segundos. Esto es una serie.

Completa un total de 3 series.

4. Plancha con elevación y rotación externa de pierna

- Inicia bocabajo en el suelo, sosteniendo una posición de plancha alta, apoyado sobre las palmas de las manos y las puntas de los pies. Es importante que las palmas estén justo por debajo de los hombros, y que los pies estén apenas separados.
- La postura del cuerpo debe formar una línea recta desde la cabeza hasta los pies. Para esto, se debe generar cierta presión sobre glúteos, muslos y abdomen.
- Levanta una de las piernas del suelo y llévala hacia afuera, formando un semicírculo con la punta del pie.
- Regresa la pierna a su posición inicial y repite el ejercicio con la misma pierna hasta completar una serie de 20 segundos.

Haz 3 series del ejercicio con cada pierna, alternándolas.

5. Cuadrúpedo o ejercicio del hidrante

- Inicia bocabajo en el suelo, apoyando el peso del cuerpo

sobre las palmas de las manos, las rodillas y las puntas de los pies. La espalda debe estar recta y la mirada fija en el suelo.

- Eleva lo más que puedas una pierna del suelo, apuntando hacia afuera con la rodilla. La idea es que la pierna no varíe su posición a medida que sube abriéndose hacia afuera. Procura no afectar la postura del resto del cuerpo mientras realizas el movimiento.
- Una vez que la pierna esté arriba, con el borde interno del muslo paralelo al suelo, genera cierta presión a nivel del abdomen para ayudarte a sostener la postura durante al menos unos tres segundos.
- Lleva la pierna de vuelta al suelo lentamente, hasta quedar en la posición inicial.
- Repite el ejercicio hasta completar una sesión de 15 repeticiones. Luego cambia de pierna.

Realiza 3 series con cada pierna.

6. Elevación de pierna inversa unilateral

- Acuéstate en el suelo bocabajo, con los pies separados muy ligeramente y con las manos juntas por encima de la cabeza.
- Ejerciendo cierta presión sobre el glúteo izquierdo, eleva la pierna izquierda hasta separarla del suelo lo más que te sea posible.
- Llévala de vuelta a la posición inicial.
- La pierna deberá permanecer recta durante todo el movimiento.

Repite hasta completar 3 sesiones de 20 repeticiones con cada pierna.

CAPÍTULO 13. RUTINAS DE CUERPO COMPLETO CON BLOQUES DE CEMENTO

Si algo hemos aprendido en este punto, es que no hace falta una membresía en un gimnasio costoso para entrenar el cuerpo por completo.

Los ejercicios de peso corporal y los objetos cotidianos con que contamos en nuestros hogares han demostrado ser en la mayoría de los casos suficientes para desarrollar musculatura, perder peso, ganar agilidad y tantos otros propósitos. Lo único indispensable en el entrenamiento es, pues, imaginación, y para demostrarlo te queremos presentar unas cuantas rutinas de cuerpo completo que quizá te puedan sorprender. Para todas ellas, necesitarás un solo tipo de equipamiento: bloques de cemento.

¿Te has puesto a pensar alguna vez en la cantidad de rutinas que se pueden realizar con tan solo tener a mano un bloque de cemento? Probablemente no, pero lo cierto es que son muchas. Basta con detenerse en estudiarlo.

Un bloque de cemento es un objeto a la vez fácil de transportar, pero lo suficientemente pesado como para resultar trabajoso de manipular en un ejercicio. También es resistente y tiene bordes planos, lo que quiere decir que se puede utilizar como plataforma o escalón.

Asimismo, los bloques de cemento suelen ser diseñados con aberturas, lo que los convierte en objetos seguros y fáciles de sujetar. En definitiva, se trata de un equipamiento a considerar.

Rutina 1 con bloques de cemento

- **Sentadilla con bloque de cemento**. Para ejecutarla:
    - Inicia de pie, con los pies un poco más separados que el ancho de tus hombros y sujetando un bloque de cemento con ambas manos, a la altura del pecho.
    - Es importante que no sostengas el bloque apoyándolo por completo sobre el pecho. Para evitar que esto suceda, mantén la espalda recta, la mirada fija al frente y los brazos apretados contra los costados.
    - Manteniendo esta posición, ejecuta la sentadilla de forma tradicional, descendiendo hasta quedar casi en cuclillas.
    - Vuelve a la posición inicial y repite el ejercicio.
- Flexiones (tal como hemos explicado anteriormente).
- **Zancadas con bloque de cemento sobre la cabeza**. El método para realizarlas es el siguiente:
    - Comienza de pie, con los pies separados según el ancho de tu cabeza, la espalda recta y sosteniendo un bloque de cemento con ambas manos sobre tu cabeza, con los brazos extendidos.
    - Debes tener cuidado de sostener firmemente el bloque: aunque estos objetos no suelen ser muy pesados, es evidente que cualquier golpe en la cabeza es un gran riesgo. Si es preciso, introduce los dedos en las aberturas del bloque para crear un mejor agarre.
    - Desde esta posición, ejecuta una zancada tradi-

cional dando un paso largo al frente con un pie.

- ◦ Al llegar a la parte baja del ejercicio, sostén la posición por al menos dos segundos.
- ◦ Regresa a la posición inicial haciendo presión con el talón y el glúteo del pie delantero.
- ◦ Repite el ejercicio alternando lados.

- Dominadas (tal como hemos explicado anteriormente).
- **Press de hombros con dos bloques de cemento**. Para ejecutarlo:
  - ◦ Inicia sentado en un banco, con los pies firmemente apoyados en el suelo, la espalda recta y sosteniendo un bloque de cemento en cada mano, apoyados sobre los muslos.
  - ◦ El método correcto para sujetar los bloques de cemento debe ser tomarlos en posición horizontal, mejorando el agarre al introducir los dedos en las aberturas.
  - ◦ Ayudándote con los muslos, eleva un bloque a la vez a la altura de tus hombros, con los codos apuntando hacia fuera.
  - ◦ Ejecuta un press de hombros tradicional, elevando los bloques de cemento sobre tu cabeza.
  - ◦ Regresa las manos a la altura de los hombros y repite el ejercicio.
- **Remo inclinado con bloques de cemento**. La técnica de ejecución es la siguiente:
  - ◦ Inicia de pie, con los pies separados según el ancho de las caderas y sosteniendo un bloque de cemento en cada mano (recuerda mejorar el agarre sosteniéndolo de forma horizontal con los dedos dentro de las hendiduras).
  - ◦ Flexiona un poco las rodillas a la vez que inclinas la espalda hacia delante, formando un ángulo de 45° en relación con el suelo. Los brazos deben estar extendidos, con los bloques

colgando justo debajo de los hombros.

- Manteniendo la posición, eleva los bloques hasta que queden a la altura del pecho. Hazlo flexionando los codos, de modo que estos queden apuntando detrás de ti.
- Extiende los brazos nuevamente y repite el ejercicio.

- **Peso muerto a una pierna con bloque de cemento**. Para realizarlo:
  - Inicia de pie, con los pies separados según el ancho de las caderas y sujetando un bloque de cemento en la mano derecha. Recuerda colocar los dedos dentro de los espacios vacíos del bloque, para reforzar el agarre.
  - Dobla las caderas hacia delante a la vez que elevas la pierna izquierda detrás de ti, extendiéndola. La pierna derecha permanece apoyada en el suelo, lo más recta que sea posible. Al final del movimiento, deberás formar una línea recta horizontal desde la punta del pie izquierdo hasta la punta de la cabeza.
  - El brazo derecho deberá colgar completamente extendido.
  - Este ejercicio no se realiza por número de repeticiones, sino por segundos sosteniendo la postura. La meta es sostener la posición 30 segundos con cada pierna.

- **Step-ups con bloques de cemento**. Este es el método para realizarlo:
  - Inicia de pie, con los pies separados según el ancho de las caderas y sujetando un bloque de cemento en cada mano, de frente a otro bloque de cemento apoyado en el suelo en posición horizontal, a unos 30 cm de separación con respecto a ti.
  - Manteniendo la espalda recta, da un paso al

frente y sube sobre el bloque, apoyando ambos pies.

- ◦ Invierte el movimiento hasta regresar a la posición inicial, y repite el ejercicio cambiando de pierna al subir.
- ◦ Si lo deseas, puedes colocar otro bloque de cemento sobre el que tienes en el suelo, para hacer el ejercicio más retador, pero no pongas más de dos o te será difícil mantener el equilibrio.

Puedes realizar esta rutina haciendo cada ejercicio hasta el fallo (entre 15 y 20 repeticiones hechas a gran intensidad y sin descanso), hasta completar dos o cuatro series.

Si optas por hacer la rutina en dos series, puedes descansar 30 segundos entre cada serie. Si decides hacerla en cuatro series, descansa 60 segundos entre cada serie.

Rutina 2 con bloques de cemento

- · Mountain climbers: 100 repeticiones.
- · Jumping jacks: 50 repeticiones.
- · Burpees: 15 repeticiones.
- · **Peso muerto estilo sumo con bloque de cemento**: 30 repeticiones. El modo correcto de realizarlo es:
  - ◦ Inicia de pie, con los pies separados aproximadamente el doble que el ancho de tus hombros y con un bloque de cemento horizontal en el suelo frente a ti.
  - ◦ Sacando el pecho y manteniendo la vista al frente, flexiona las rodillas hasta que puedas sujetar el bloque con ambas manos, con los brazos extendidos.
  - ◦ Levanta el bloque en un movimiento explosivo, impulsándote con los talones y los glúteos para ponerte erguido.
  - ◦ Mantén la postura por dos segundos y luego

vuelve a la posición inicial. Esto es una repetición.

- **Curl de bíceps con press de hombros usando dos bloques de cemento**: máximas repeticiones posibles. Para realizarlo:
  - Inicia de pie, con los pies un poco más separados que el ancho de los hombros y sujetando un bloque de cemento en cada mano, a los costados. El método para sujetarlos será hacer una pinza con los dedos en las hendiduras del bloque.
  - Manteniendo los brazos cerca de los costados, haz un curl de bíceps levantando los bloques hasta que lleguen a la altura de los hombros.
  - Una vez que las manos estén arriba, ejecuta un press de hombros tradicional.
  - Regresa a la posición inicial invirtiendo el movimiento, y repite el ejercicio.
- **Remo inclinado con un bloque de cemento**: máximas repeticiones posibles.
- **Peso muerto con bloque de cemento**: 30 repeticiones. Para ejecutarlo:
  - Inicia de pie, con los pies separados según el ancho de tus caderas, la espalda recta y con las puntas de los pies casi tocando un bloque de cemento.
  - Flexionando las rodillas, desciende llevando las caderas atrás, hasta que puedas sujetar el bloque con ambas manos, manteniendo los brazos extendidos.
  - Es importante que al bajar mantengas la mirada al frente y saques el pecho, y que las rodillas no superen nunca las puntas de los pies.
  - Aplicando fuerza con los glúteos, talones y muslos, ponte de pie a la vez que levantas el bloque de cemento, siempre teniendo los

brazos extendidos. El bloque deberá permanecer cerca de tu cuerpo al subir, pero nunca completamente apoyado contra ti.

- ◦ Sostén la posición unos 5 segundos.
- ◦ Vuelve a poner el bloque en el suelo y regresa a la posición de inicio, para ejecutar la próxima repetición.
- **Extensión de tríceps con bloque de cemento**: 30 repeticiones. La técnica para realizar la extensión es:
    - ◦ Inicia sentado casi en el borde un banco, con los pies firmemente plantados en el suelo y separados según el ancho de tus caderas, mientras sostienes un bloque de cemento con ambas manos sobre tu cabeza. El bloque deberás sostenerlo por los lados de su parte más angosta, con los brazos extendidos.
    - ◦ Flexionando los codos, realiza una extensión de tríceps tradicional, llevando los antebrazos hacia atrás, hasta que el bloque quede detrás de tu cabeza.
    - ◦ Regresa a la posición inicial y pasa a la siguiente repetición.

Realiza entre dos y tres series de todos los ejercicios propuestos. Puedes tomar entre 30 y 45 segundos de descanso entre cada serie de ejercicios.

Rutina 3 con bloques de cemento

- Dominadas: máximas repeticiones posibles.
- Zancadas caminando: 20 por cada pierna.
- **Press de hombros con dos bloques de cemento**: máximas repeticiones posibles.
- **Sentadilla isométrica con bloque de cemento**: una sola repetición, sosteniendo la postura por el máximo tiempo posible. Para ejecutarla:
    - ◦ Se trata de una sentadilla tradicional, sosteniendo un bloque de cemento a la altura del

pecho tal y como se explicó previamente. La diferencia radica en que al bajar se debe sostener la postura al llegar al punto en que los muslos están paralelos al suelo.

○ Es importante mantener la espina dorsal neutra y la mirada al frente. Para lograr esto, algunas personas realizan el ejercicio apoyándose contra la pared.

- **Press de banca con dos bloques de cemento**: máximas repeticiones posibles. Para realizarlo:

  ○ La técnica será la que aplicamos para el press de banca con mancuernas: inicia acostado sobre un banco plano, con los pies firmemente apoyados en el suelo y sujetando un bloque en cada mano a la altura del pecho, próximos a los costados.

  ○ El método para sujetar los bloques debería ser tomarlos en posición horizontal, por el centro y por su lado más angosto.

  ○ Ejecuta el press de pecho tradicional, extendiendo los codos casi por completo hasta que los bloques casi se toquen al llegar arriba.

  ○ Desciende lentamente y pasa a la siguiente repetición.

- Saltos de rana: 20 repeticiones. Para ejecutarlos:

  ○ Inicia en la posición de cuclillas, sacando el pecho, con la mirada al frente y con las manos entrelazadas detrás de tu cabeza.

  ○ En un movimiento explosivo, impúlsate con talones, glúteos y muslos para dar un salto al frente, tan lejos como te sea posible.

  ○ Aterriza suavemente, amortiguando el golpe poco a poco al caer.

  ○ Adopta nuevamente la posición de inicio y repite el ejercicio.

- Crunch abdominal de bicicleta: 150 repeticiones. La

técnica para realizarlo es:

- Inicia acostado en el suelo bocarriba, con las manos entrelazadas detrás de la cabeza, las rodillas flexionadas y los pies en el suelo. Vistos de perfil, tus muslos y pantorrillas deberán formar una V invertida.
- Aplicando presión en el abdomen, eleva la cabeza hasta que tu mentón entre en contacto con el pecho, al mismo tiempo que subes las piernas, de modo que tus pantorrillas queden arriba, paralelas al suelo.
- Desde esta posición, imita el movimiento de un ciclista pedaleando, trayendo un muslo a la vez lo más cerca que puedas de tu pecho. La respiración debe ser lenta y acompasada, para no dificultar el movimiento.
- Cada vez que un muslo suba hacia el pecho, se contará una repetición.

- Sentadillas: 50 repeticiones.
- **Plancha asistida con bloque de cemento**: 30 segundos. Para ejecutarla:
  - Inicia bocabajo, con las manos apoyadas en el suelo firmemente y justo debajo de los hombros, mientras apoyas los pies sobre un bloque de cemento.
  - Es importante que la espalda permanezca neutra, de modo que tu cuerpo trace una línea recta horizontal desde los pies hasta la cabeza mientras sostienes la posición.

Dos series deberían ser más que suficientes para completar el trabajo en esta rutina. Igualmente, puedes tomar 30 o 45 segundos de descanso entre cada serie.

Rutina 4 con bloques de cemento

- **Flexiones declinadas con bloque de cemento**: 20 repeticiones. Para ejecutarlas:

- La posición de inicio es la misma de la plancha asistida: bocabajo, manos apoyadas en el suelo en línea con los hombros y los pies poco separados y apoyados sobre un bloque de cemento.
- Desde esta posición, desciende lentamente haciendo una flexión de brazos tradicional.
- Regresa a la posición inicial para seguir con la próxima repetición.

- **Step-ups sobre dos bloques de cemento**: 20 repeticiones con cada pierna.
- **Pullover con bloque de cemento**: 30 repeticiones. Para realizarlo:
  - Inicia en la posición del pullover, acostado bocarriba en un banco plano, sujetando con ambas manos un bloque de cemento sobre el pecho, con los brazos extendidos casi por completo.
  - Flexionando ligeramente los codos, realiza un pullover tradicional, dejando caer los brazos lo más que puedas hacia atrás, formando un semicírculo. Al final del movimiento, el bloque debería estar por debajo del nivel del banco.
  - Regresa a la posición de inicio y pasa a la repetición siguiente.
- Abdominales en V: 30 repeticiones. Para realizarlas:
  - Inicia acostado en el suelo bocarriba, con los brazos y piernas extendidos. Las manos deben estar con las palmas vueltas hacia arriba.
  - Inspira un poco de aire, y luego espíralo a la vez que levantas piernas y troco del suelo, manteniendo los brazos y las piernas extendidos. La idea es que tu cuerpo forme una V lo más clara posible.
  - Sostén la postura de V durante unos 5 segun-

dos, y luego vuelve al suelo para empezar la siguiente repetición.

- Si se te hace muy difícil mantener la postura durante el ejercicio, hazlo con los brazos paralelos al suelo, mirando al frente, para darte apoyo.

- **Elevación frontal con bloque de cemento**: 20 repeticiones. Para realizarlo:
    - Inicia de pie, con los pies separados según el ancho de tus hombros y sosteniendo un bloque de cemento con ambas manos, con los brazos extendidos hacia abajo.
    - Flexionando ligeramente los codos, eleva el bloque lentamente hasta que quede frente a ti, con tus brazos paralelos al suelo. El movimiento del bloque al subir debe ser circular.
    - Mantén el bloque arriba unos 5 segundos.
    - Invierte el movimiento para regresar a la posición inicial y repite el ejercicio.

- Plancha RKC: máximo tiempo posible. Para realizarla:
    - Esta variante de la plancha tradicional se realiza apoyando el cuerpo sobre las puntas de los pies, los antebrazos y las palmas de las manos en el suelo.
    - Es importante que los codos queden justo debajo de los hombros, y que la espalda se mantenga recta durante todo el tiempo que se mantenga la postura.

- **Tirón alto con bloque de cemento**: 20 repeticiones. Para realizarlo:
    - Inicia de pie, con los pies más separados que el ancho de tus hombros y sosteniendo un bloque de cemento en posición vertical con ambas manos, con los dedos dentro de las hendiduras de uno de los extremos del bloque.
    - Flexionando los codos hacia afuera y hacia

arriba, da un tirón al bloque hasta llevarlo a la altura de tu pecho, casi tocando tu mandíbula.
- Regresa lentamente a la posición inicial y pasa a la siguiente repetición.

Realiza esta rutina por dos o tres sesiones, con descansos de 30 o 45 segundos entre cada sesión.

CAPÍTULO 14. LA RUTINA DE YOGA CASERA MÁS FUNCIONAL QUE EXISTE

A pesar de la concepción tradicional que tenemos de él, el yoga no es una actividad únicamente de relajación.

Pensado originalmente como un método físico en que el cuerpo se involucra con la meditación, el yoga ha ido evolucionando hasta convertirse en un tipo de entrenamiento físico completo en sí mismo. Tan solo hace falta detenerse a examinar todo lo que involucra.

Una rutina típica de yoga acondiciona a nuestro cuerpo obligándolo a:

- Tomar control sobre la respiración, lo que redunda en poner a trabajar el sistema cardiovascular.
- Realizar estiramientos musculares útiles para distintas actividades.
- Mejorar la postura.
- Crear tensión muscular a través de posturas que involucran mantener peso corporal.

En resumen: las posturas del yoga son un ejercicio completo, y un añadido importante y útil para cualquier otro entrenamiento, especialmente para entrenamientos de fuerza.

Ahora bien, si el yoga tiene una gran ventaja que ofrecer es lo práctico que resulta realizarlo. Y es que, aunque existen gimnasios y equipos especiales de yoga que se comercializan, la verdad es que ellos no son necesarios para practicarlo.

Cualquier persona puede hacer yoga en su casa y obtener grandes beneficios, contando con apenas un mínimo de espacio, compromiso y una rutina funcional que involucre los principales grupos musculares.

Rutina de yoga para hacer en casa

1. Postura del Triángulo

La postura del triángulo es una de las más conocidas en el mundo del yoga. Su principal aporte es desarrollar movilidad y fuerza a nivel de la cadera, algo bastante útil para mejorar la técnica en ejercicios como el balanceo con kettlebell o el peso muerto. Para ejecutarla:

- Inicia de pie, guardando una separación de un metro entre ambos pies.
- El pie derecho deberá girar hacia afuera, mientras el pie izquierdo deberá permanecer mirando al frente. El talón del pie derecho deberá quedar en línea recta con el borde interno del pie izquierdo.
- Abre los brazos en línea recta en forma de cruz, a la vez que inhalas aire profundamente.
- Manteniendo la postura de brazos y pies, exhala el aire a la vez que doblas la cadera lateralmente hacia tu lado derecho, dejando caer el cuerpo lentamente hacia ese lado.
- El movimiento debería prolongarse hasta que puedas alcanzar el suelo frente al pie derecho con los dedos de la mano derecha.
- Una vez que hayas llegado abajo, lleva la mirada hacia los dedos de la mano izquierda y sostén la posición por unos 10 segundos.

- Mientras permaneces ahí, inhala y exhala lentamente, sintiendo cómo tu cuerpo se relaja con cada exhalación.
- Invierte todo el movimiento hasta volver a la posición inicial.
- Cambia la postura de los pies (esta vez el pie izquierdo mira hacia afuera y el derecho hacia el frente) y repite todo el movimiento, cambiando de lado.

2. Postura del ángulo lateral extendido

Esta postura trabaja en conjunto los dorsales y la cadera, mejorando la rotación externa y la abducción. Practicarla ayuda a mejorar la técnica de otros ejercicios como el press de tríceps o las sentadillas con peso. Realízala de la siguiente manera:

- La posición de inicio es similar a la de la zancada: la pierna derecha va adelante flexionada, con el muslo paralelo al suelo, mientras la pierna izquierda queda atrás extendida.
- El talón del pie derecho debe mirarse con el borde interno del pie izquierdo.
- Partiendo desde esta posición, inicia inhalando aire pausadamente.
- Exhalando poco a poco el aire, haz una flexión de cintura hacia adelante, a la vez que llevas el antebrazo derecho a reposar sobre el borde interno de la pierna derecha.
- Extiende por completo el brazo izquierdo y llévalo hacia delante, describiendo un semicírculo que pase por encima de tu cabeza. La palma de la mano izquierda debe mirar hacia adelante.
- Al final del movimiento, deberás quedar formando una línea diagonal desde la punta del pie izquierdo hasta la punta de la mano izquierda.
- Lleva la vista arriba y abre el pecho para hacer unas tres inhalaciones profundas, manteniendo la postura.
- Invierte el proceso hasta regresar a la posición inicial.
- Cambia la postura de los pies y repite todo el proceso del

otro lado.

3. Postura del perro bocabajo

Esta postura ayuda a reducir los riesgos de desgarramiento a nivel de los tobillos, a la vez que mejora la postura y movilidad de la espina dorsal. Para ello:

- Inicia de pie, separando los pies según el ancho de las caderas.
- Inhala lenta y profundamente, a la vez que llevas los brazos extendidos hacia arriba.
- Dejando salir el aire lentamente, flexiona la cadera hacia adelante, hasta que puedas tocar el suelo frente a ti con las palmas de tus manos.
- Sin separar las palmas del suelo, da un paso atrás con un pie a la vez. La idea es que visto de perfil quedes como una V invertida.
- La mirada siempre debe ir abajo, y las plantas de los pies deben quedar apoyadas en el suelo por completo.
- Mantén la posición durante al menos 30 segundos, tomando y liberando el aire lentamente.
- Vuelve a la posición inicial para terminar el ejercicio.

4. Postura de la pirámide

La pirámide es una postura fundamentalmente útil para el tratamiento de la debilidad en los isquiotibiales, algo que tiene un gran peso en la ejecución de distintos ejercicios de pierna. Para llevarla a cabo:

- Inicia de pie, separando los pies según el ancho de las caderas.
- Estira las manos detrás de ti y gira los codos y los hombros también hacia detrás, de manera que puedas llevar las manos hacia arriba en tu espalda, con las palmas mirando hacia afuera, apoyadas encima de las clavículas y con los dedos apuntando hacia arriba.
- Inhala lenta y profundamente, llevando un pie hacia adelante frente a ti, de modo que quedes formando una

V invertida con ambas piernas. Las plantas de los pies deben estar firmemente apoyadas contra el suelo.

- Exhala el aire lentamente mientras flexionas la cadera hacia delante, llevando tu rostro hasta la rodilla de la pierna delantera.
- Sostén la postura durante al menos 20 segundos e inviente el movimiento hasta regresar a la posición de inicio.
- Repite todo el ejercicio, cambiando de lado.

5. Postura del Guerrero 1

Esta postura realiza un estiramiento y fortalecimiento a nivel de caja torácica, hombros y cadera, que ayudan bastante a la hora de ejecutar ejercicios como la sentadilla con peso.

- Inicia de pie, con los pies juntos y firmes en el suelo, la espalda erguida y los brazos a los costados.
- Da un paso al frente con un pie, de modo que quedes en una posición de zancada, con el muslo delantero paralelo al suelo y la pierna trasera extendida.
- El pie delantero debe permanecer en 90° en relación con la dirección del cuerpo, y el pie trasero girará 45° hacia afuera. Las plantas de ambos pies deben estar firmemente apoyadas en el suelo.
- Inspira a la vez que elevas los brazos de los costados, llevándolos por encima de la cabeza, de modo que al llegar arriba los brazos queden paralelos a las orejas y las palmas se miren una a la otra.
- Mantén la postura por 30 o 45 segundos, tomando y expulsando el aire lentamente.
- Haz una espiración lenta e invierte el movimiento para regresar a la postura inicial.
- Repite el ejercicio, cambiando de piernas.

6. Zancada alta

Esta postura ayuda a relajar las caderas y el psoas iliaco, algo bastante necesario para quienes suelen estar sentados varias horas al día. Sigue estos pasos para realizarla:

- Inicia en la posición del perro bocabajo y lleva la rodilla derecha hacia delante, hasta que entre casi en contacto con la nariz.
- Apoya el pie derecho en el suelo firmemente, de modo que quede justo en medio de las manos, en la posición de estocada baja.
- Eleva los brazos hasta que las manos queden mirando hacia arriba, con los brazos enmarcando el rostro y las palmas de las manos mirándose entre sí.
- Sostén la posición durante 30 segundos.
- Regresa a la posición inicial, invirtiendo el movimiento.

Repite todo el ejercicio, cambiando de lado.

7. Zancada baja con estiramiento de cuádriceps

Esta postura trabaja la rotación torácica en conjunto con el fortalecimiento de los cuádriceps. Para realizarla bien:

- Inicia en la posición de perro bocabajo y desde allí desplaza la rodilla derecha, hasta que entre casi en contacto con la nariz. El pie derecho debe quedar en medio de las manos.
- Siempre con la pierna izquierda extendida, desciende la rodilla izquierda hasta que entre en contacto con el suelo.
- Manteniendo la palma de la mano izquierda en el suelo y paralela al pie derecho, levanta la mano derecha y extiéndela hacia atrás mientras giras la cadera hacia el lado derecho.
- Eleva el pie izquierdo del suelo y tómalo con la mano derecha, sujetándolo por el empeine.
- Mantén la posición hasta realizar unas tres respiraciones lentas y profundas.
- Invierte el movimiento hasta regresar a la posición inicial.

Repite el ejercicio, esta vez cambiando de lado.

8. Postura de la paloma

La postura de la paloma es relativamente compleja de realizar. No obstante, cuando se domina por completo es de gran ayuda para la apertura de cadera, reduciendo el dolor en la espalda baja en muchos casos. Para realizarla ves siguiendo las siguientes pautas:

- Inicia arrodillado en el suelo y dobla la pierna derecha hacia adelante, de modo que la pantorrilla quede apoyada por completo sobre el suelo y el pie quede justo enfrente de la rodilla izquierda. Vista desde arriba, la pierna derecha deberá estar flexionada, formando un triángulo.
- Apoya las palmas de las manos sobre el suelo y estira la pierna izquierda por completo detrás de ti.
- La ingle debe estar lo más cerca del suelo que sea posible. Para lograr esto, es necesario que el glúteo de la pierna trasera se contraiga. Si es preciso, también se puede llevar un poco más adelante el pie de la pierna delantera.
- Una vez adoptada la posición ideal, mantenla durante al menos tres respiraciones lentas y profundas.
- Invierte el movimiento hasta quedar en la posición inicial.

Repite el ejercicio cambiando de lado.

9. Postura de la vaca

Esta postura es llamada así porque vistas desde arriba, las piernas dobladas parecen formar el cráneo y cuernos de una vaca. Ayuda a estirar los músculos de las piernas y los glúteos. Para disfrutar de sus beneficios:

- Inicia en el suelo, apoyado sobre las rodillas y las palmas de las manos.
- Sin separar las manos del suelo, cruza la pierna derecha hacia el lado izquierdo, de modo que la parte trasera de la rodilla derecha quede enfrente de la rodilla izquierda.

- Tomando impulso con las manos, siéntate apoyando los glúteos en el suelo por completo, manteniendo las piernas cruzadas y la espalda recta. Las plantas de ambos pies deberán quedar mirando detrás de ti.
- Levanta el brazo izquierdo y flexiona el codo, de modo que la mano izquierda quede mirando hacia abajo y a la altura de los omoplatos.
- Flexiona el codo derecho para llevar la mano derecha detrás de la espalda, al encuentro de la mano izquierda.
- Ambas manos se deben sujetar. De no ser posible, se puede buscar otro punto de apoyo, sujetando la camiseta o poniendo algún objeto entre ellas.
- Una vez que tengas ambas manos sujetas, inspira y espira lentamente dejando caer el torso hacia delante.
- Al llegar a esta posición, deberás realizar al menos tres respiraciones profundas, lentamente.
- Invierte el movimiento hasta regresar a la posición inicial y repite el ejercicio, cambiando la pierna que va al frente.

CONCLUSIÓN

Como se ve, virtualmente cualquier entrenamiento de levantamiento de peso puede ser modificado eficazmente sustituyendo una mancuerna o kettlebell por un bloque de cemento. Este, sin embargo, es tan solo uno de muchos ejemplos posibles.

Existen muchas otras ideas útiles, además de las ya vistas, en que podemos utilizar los objetos de la casa para sustituir los elementos de un gimnasio.

Así, hay atletas que sustituyen una barra o aros de gimnasia con cuerdas bien sujetas para hacer dominadas, mientras que otros crean un set completo de pesas valiéndose de latas o botes plásticos rellenos de arena, agua o cemento.

Lo importante de todo esto es recordar que a pesar de los limitantes que tiene entrenar en casa a simple vista, estos siempre se podrán vencer si aplicamos un principio básico a todo lo que hagamos: la disciplina.

Bien sea que levantemos pesas, trotemos, hagamos ejercicios de calistenia o cualquier otro entrenamiento, la disciplina será aquello que nos permitirá ir más adelante. Es lo que nos permitirá tener la inventiva para hacer más complejos los entrenamientos valiéndonos de objetos cotidianos; es también lo que hará que podamos convertir un entrenamiento de peso corporal sencillo en algo progresivo, realmente capaz de hacernos construir fuerza y masa muscular.

Las rutinas, consejos y ejemplos que hemos propuesto a lo largo de este libro, son justamente eso: propuestas. surgidas de la experiencia de muchos otros antes que nosotros.

Aplicando nuestra imaginación y manteniendo siempre una disposición firme de aprender y aumentar el reto cada día un poco más, podremos transformar no solo nuestro cuerpo, sino también nuestras vidas, en ejemplos claros de superación y salud.

REFERENCIAS

- Hofer, B. Increase Strength By Integrating Yoga: 10 Essential Postures For Strength Athletes. Para Breakingmuscle. [Revisado en mayo de 2017]
- Holt, N. Can You Build Muscle with Bodyweight Exercises? Para Builtlean. [Revisado en mayo de 2017].
- Kamb, S. Begginer Body Weight Workout: Lose Weight, Build Muscle Anywhere! Para Nerdfitness. [Revisado en mayo de 2017].
- Kelso, T. Awesome At-Home Workouts: The Cinder Block Training Plan. Para Breakingmuscle. [Revisado en mayo de 2017].
- Kelso, T. How to Use Household Items as Exercise Equipment. Para Breakingmuscle. [Revisado en marzo de 2017].
- Men's Health. The Best Dumbbell Workouts – Arms and Upper Body. Para Menshealth. [Revisado en mayo de 2017].
- Shy, L. 8 Essential Exercises that Boost Metabolism Fast. Para Popsugar. [Revisado en marzo de 2017].
- Smith, S. The PT Pyramid. Para Military. [Revisado en marzo de 2017].
- The Greatist Team. 8 Bodyweight Exercises to Do in Your Dorm Room. Para Greatist. [Revisado en marzo de 2017].
- Woemer, A. Lower Body Blasts: 5 Moves for Yout Butt, Hips and Thighs. Para Dailyburn. [Revisado en mayo de 2017].

Made in the USA
Las Vegas, NV
19 March 2022